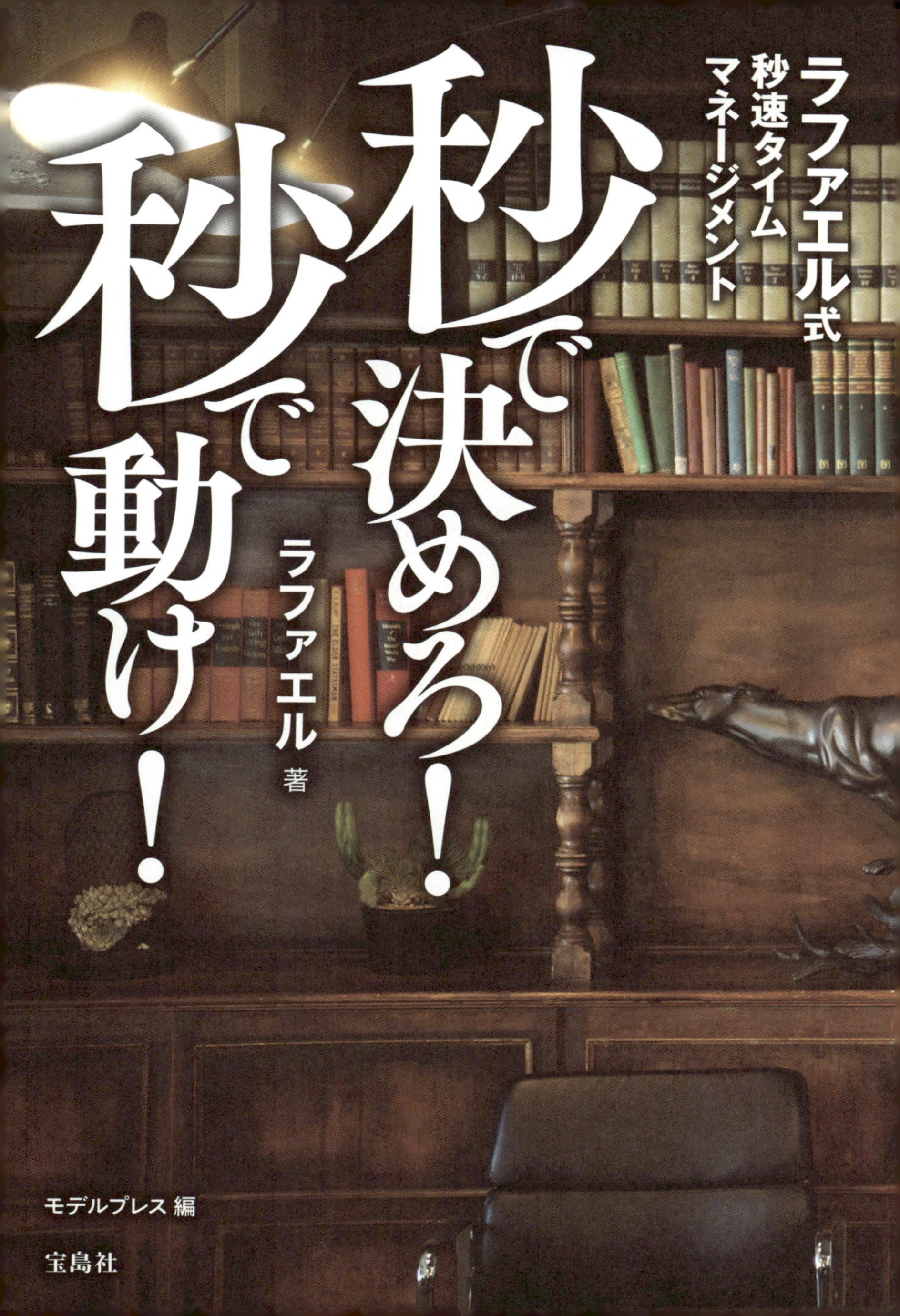

ラファエル式
秒速タイムマネージメント

秒で決めろ！
秒で動け！

ラファエル 著

モデルプレス 編

宝島社

秒で決めろ!
秒で動け!
RAPI
ビジネスに勝つための
ラファエル式
タイムマネージメント

１日は時間に換算すると
24時間しかありません。
この時間の中で、
他人よりも濃い人生を過ごそうと思ったら、
「躊躇《ちゅうちょ》」や「迷い」の時間は
ムダでしかありません。
（本文より）

LAROUSSE

はじめに

「え、そんなに簡単に決めてしまっていいんですか？」

これは僕がいろいろな人にいわれる言葉だ。

まるで僕がいい加減な人間で、適当に物事を決めているような言葉に聞こえるけれど、決してそんなことはなくて、いつも僕なりに真剣に考えて決断している。

ただ、人よりも決断が早く、それに伴う行動も早いというだけだ。

「この件はいったん、社に持ち帰らせていただきます」

商談の際、こういう風にいう人たちがたまにいる。今、決めてしまえばいいのにと思う。もちろん、本当はここで決めてしまいたいけれど、決裁権がないために会社に戻って上長の確認をとらなければいけないのかもしれない。

そうであるならば、その上長も打ち合わせに同席すれば話が早いのに――。

では、ちょっと見方を変えてみよう。

商談が毎月10件あったとする。結局、その10件はビジネスパートナーとして仕事を一緒にすることになるのだが、どれも持ち帰り案件になり、結論が出るのに3日かかったとしたらどうだろう。

シンプルに考えると、のべ30日、つまり1カ月の遅延が発生しているのと同じことではないだろうか。

僕がビジネスの主軸にしているのは、生き馬の目を抜くYouTube業界だ。

流れが速いこの業界で、1カ月も後れをとるとなれば、その間に数多くのライバルたちに出し抜かれてしまう。

もちろん、これはYouTube業界に限ったことではないと思う。どの業界だって、競争、競争、競争の連続だ。1位になる、少なくとも上位に入賞するためには、スタートダッシュが肝心だ。

だったら、秒で決めなきゃ。そして秒で動かなきゃ！

本書には、僕なりのビジネスメソッドをふんだんに詰め込みました。

決断するのに時間がかかってしまう人、
行動力がない人にぜひ読んでもらいたいと思っています。

2020年3月　ラファエル

マネージメント

Management

2人のマネージャーを雇い業務の成果を最大化する

出社はいつも決まって朝10時。
細かな作業は2人のマネージャーに譲って、
僕は浮いた時間で新しいビジネスに挑戦する

MANAGER

演者

Performer

経営者が最前線に立つ
ここに大きなメリットがある

演者であり、プロデューサーでもあり、社長でもある僕。
すべてを兼ねているからこそ、
ダイレクトなビジネスが展開できる

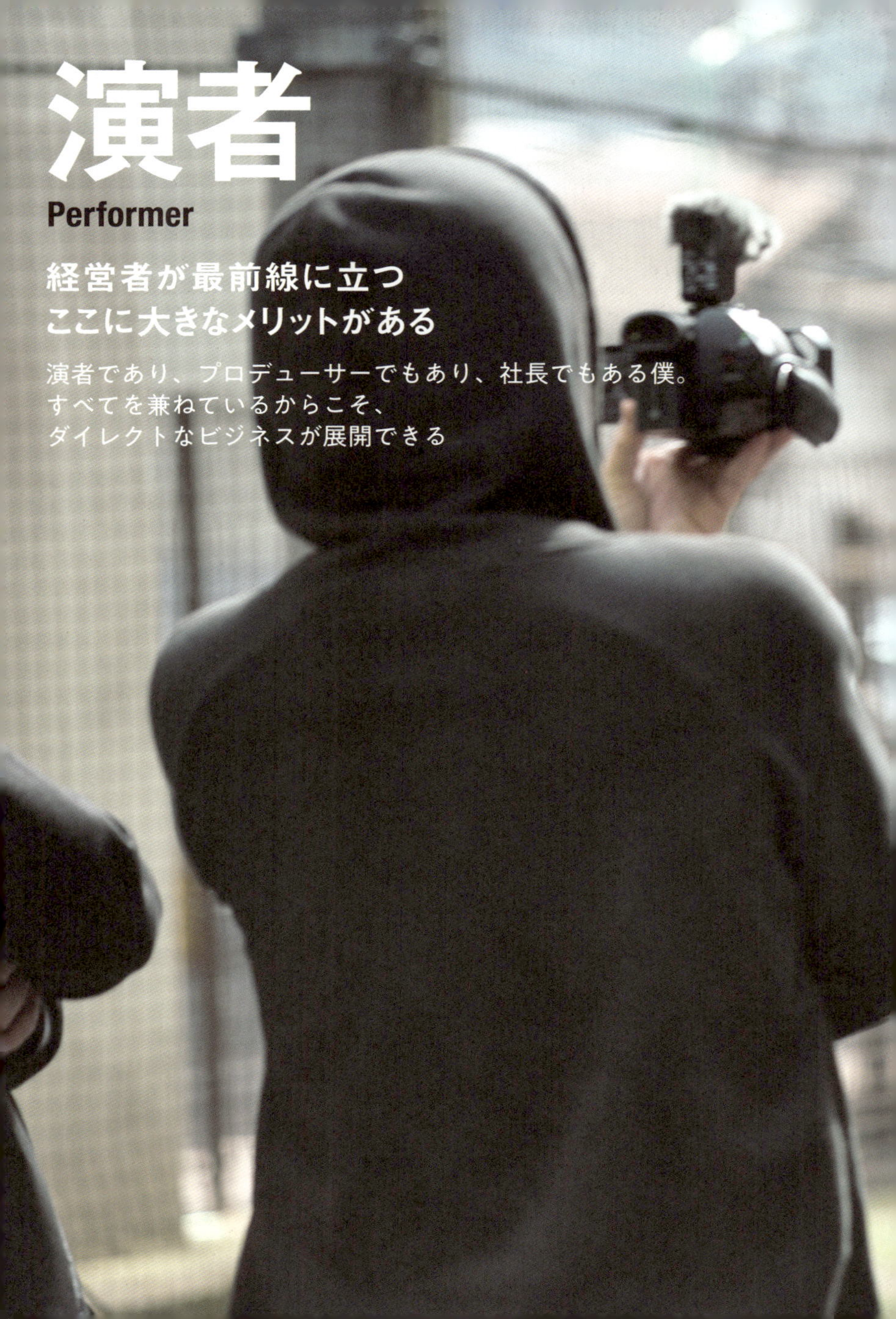

コンサルタント
Consultant

僕だけが知り得る業界知識を
企業戦略に役立ててもらう

バズるというだけでなく、
アカウント停止という貴重な経験もした。
そんな経験を活かして
コンサルタント業を行っている

数百万円の案件であっても
LINEや電話で
やり取りすれば十分

ビジネス Business

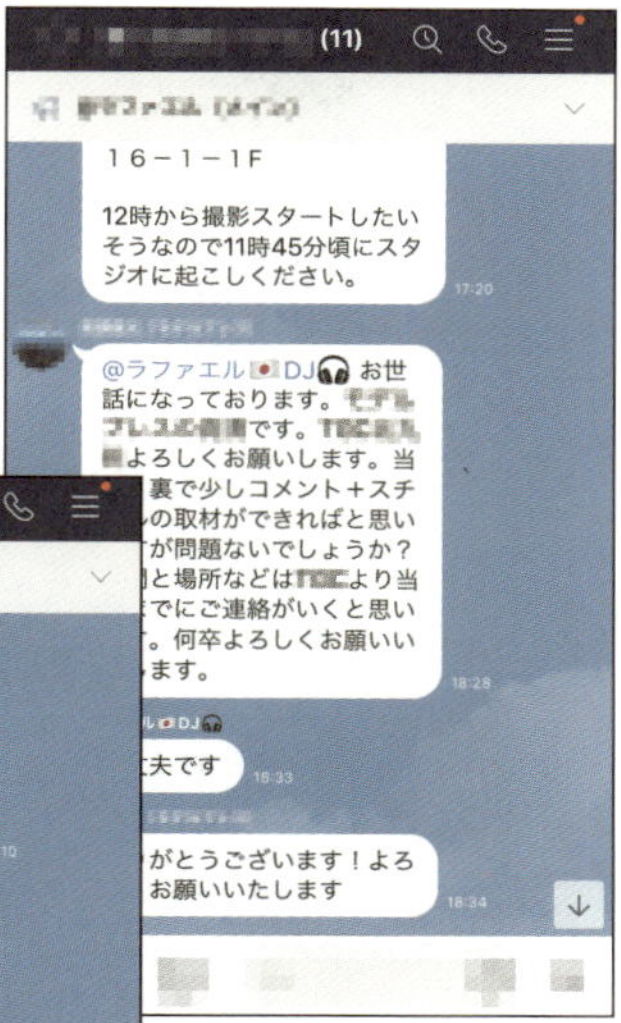

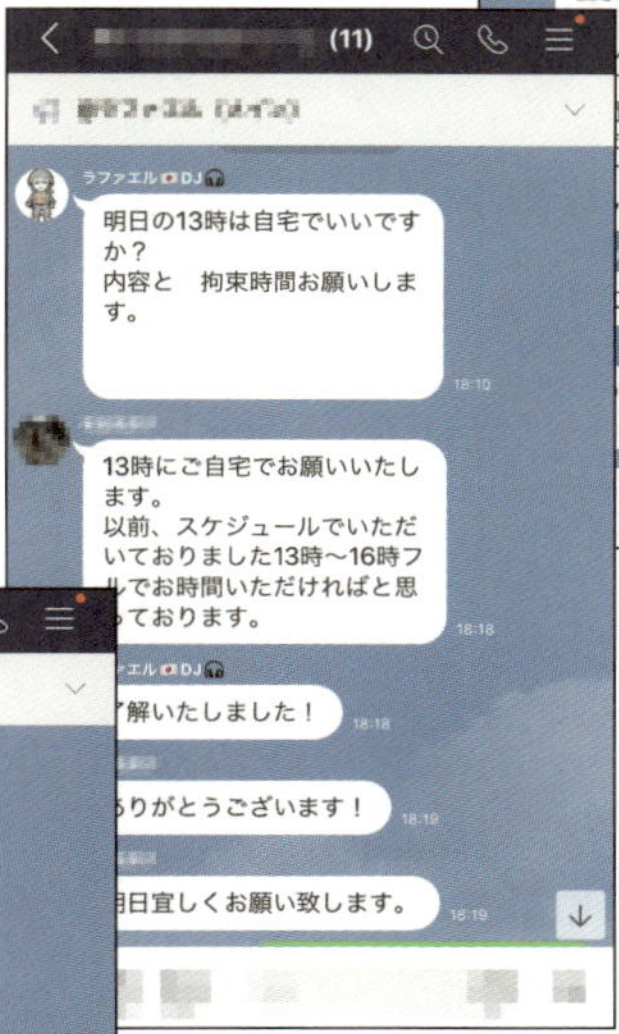

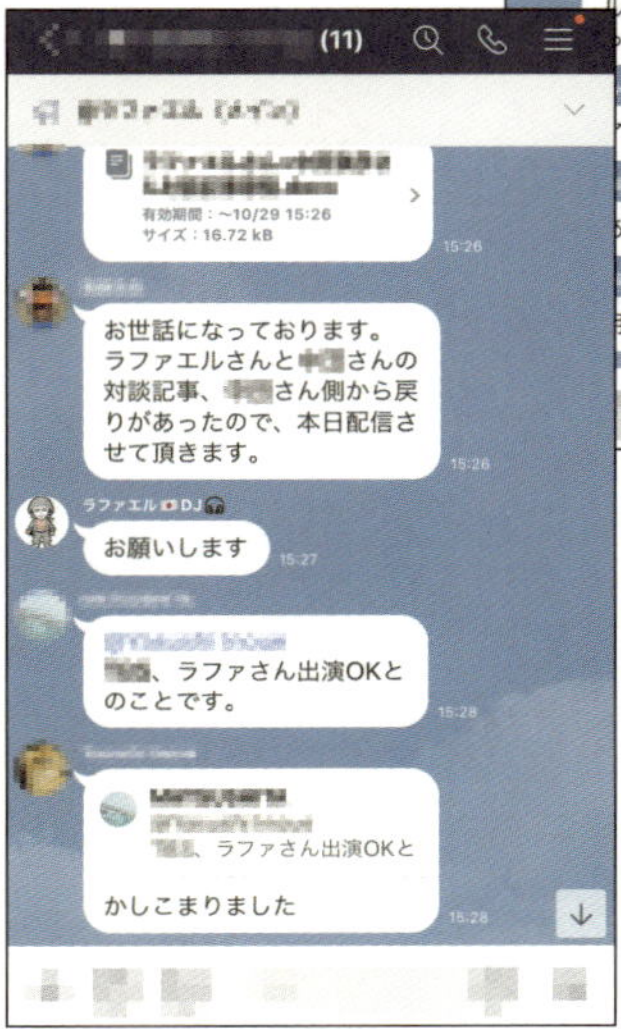

仕事のやり取りは
基本的にLINEを使う。
口頭で説明せざるを得ない
場合は電話もするが、
その割合は9対1だ

My Routine

ビジネス成功者
ラファエルのルーティンを探る

決まりきった日常の中に
勝つためのヒントがある

1日をベストな状態にするためには、
自分に一番フィットした過ごし方をする。
日課や習慣こそが僕の原動力なんだ

Eat the Steak

数々の成功者にならって朝から肉を食べる

ビジネスの成功者たちはよく肉を食べるという。
それにならって僕は朝からステーキにかぶりつく

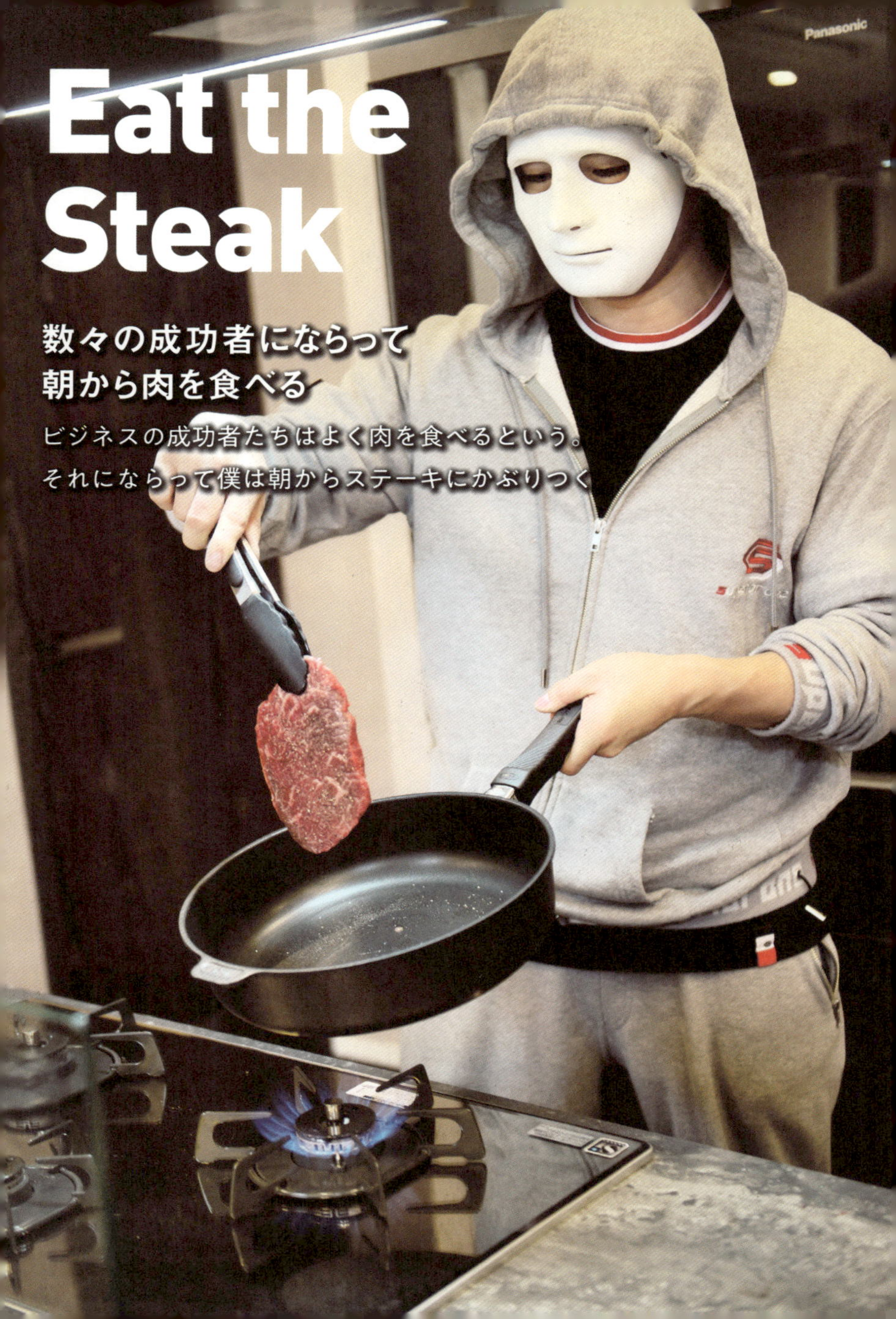

Supplement

野菜は一切食べない。サプリで補えば十分だ

僕にとって大量のサプリを飲むのは、
1日のテンションをアップさせるための
儀式のようなものでもある

Schedule

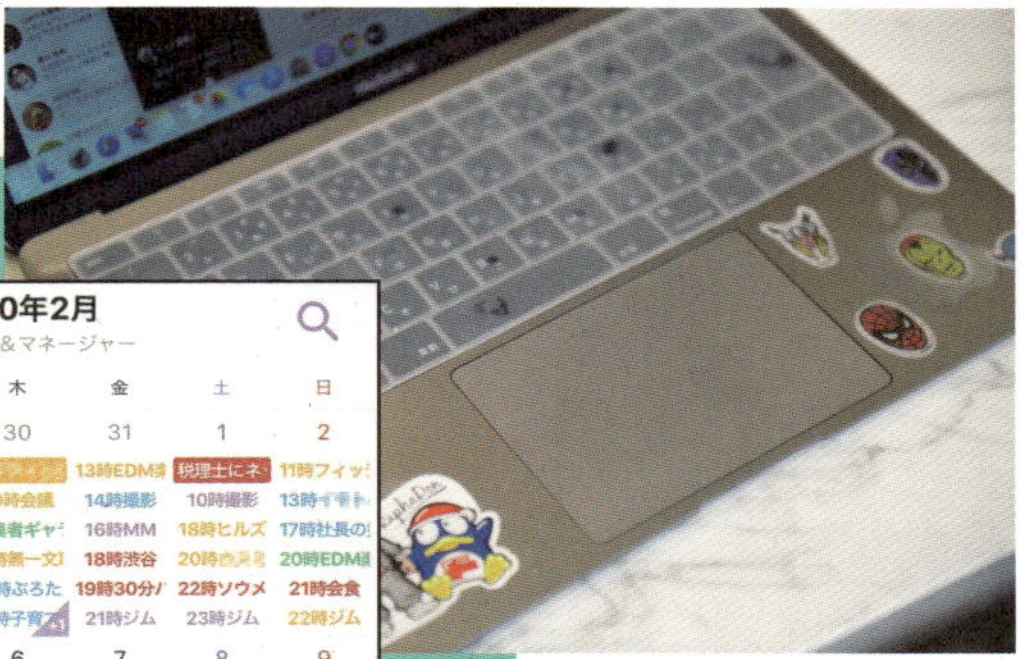

1ヵ月先のスケジュールを自分自身で徹底管理する

スケジュールはスマホで管理。過密気味なスケジュールを着々とこなすのが、僕にとって最適で効率的な生活リズムなんだ

Reading

知識を取り入れることで
新たな発想が生まれる

僕は読書が大好きだ。
知性や感性を磨くために、読書をすることは
どんな職業の人でも大事だと思っている

Training

体を鍛えれば
1日が楽にこなせる

老後、体が動かなくなったら苦労する。
面倒だと感じるけれど、
苦労しないために体を鍛えているんだ。
いわば苦労の先取りだ

Music

ＤＪに没頭する時間を作ると
仕事の集中力も上がる

最近、ようやく
自分が本当にしたいことが
できるようになった。
ＤＪは昔から憧れの
職業だったんだ

Jewelry Design

新しくはじめたデザインの仕事
挑戦できることは何でもしたい

ジュエリーを販売する
会社を立ち上げた。
デザインするのは僕。
没頭できる時間が
楽しくて仕方がない

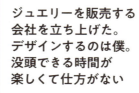

人生とは1秒1秒を刻む
今、この瞬間にある

秒で決めろ！秒で動け！

ラファエル式
秒速タイム
マネージメント

CONTENTS

第1章 利益を最大化するには、「時間」をかけないことである 032

第2章 遊びも睡眠も、プライベートな時間を徹底的に削ぎ落とす 066

第3章 機動力を高めるには仕事のスキマ時間を有効に使え！ 100

第4章 体を鍛えておくと、心も体もスピーディーになる

134

第5章 1秒でも早く育てる！ ラファエル流・マネージメント術

第6章 時給日本一YouTuberとしての心構え 192

STAFF
編　集　細谷健次朗（株式会社G.B.）
編集協力　幕田けいた
撮　影　鈴木竜太
A　D　山口喜秀（Q.design）
デザイン　森田千秋、市川しなの（Q.design）

第1章

利益を最大化するには、「時間」をかけないことである

ビジネスは徒競走と似ています。
1位でゴールしたいのであれば、
誰よりも速くなければいけません。
秒速の「決断力」と「行動力」で
スタートダッシュを決めろ!

I

「躊躇《ちゅうちょ》」や「迷い」に時間をかけると、成功はどんどん遠ざかる

僕がYouTubeの世界に飛び込むことを決めたのは、まさに秒でした。YouTuberが出演したTV-CMを見て、直感的に「これは儲かる！」と感じたからです。そこに「躊躇」や「迷い」はまったくありませんでした。現在の月収数千万円の今があるのはその結果だといえます。

1日は時間に換算すると24時間しかありません。この時間の中で、他人よりも濃い人生を生きようと思ったら、「躊躇」や「迷い」の時間はムダでしかありません。何をするにせよ「選択」に時間をかけるような人間は、「選択する」という行動そのものが遅れがちになるから、チャンスを逃してしまうんです。

僕はYouTuberになる前、とある上場企業の営業マンをやっていた時代があります。その頃の経験からすると、営業職でも実績が出ないやつは、営業前にメチャクチャいろんなことを調べて細かい資料を作って取引先に持っていきます。ところが、実際に実績を上げているのは、資料も何も持たずにすぐ動くやつ。スピード重視で行動したほうでした。

つまり、「秒」で決断して「秒」で行動するのが成功の鉄則なのです。

営業マン時代に契約を結んだ際、「なぜ我が社と契約していただけたんですか？」と、取引先に聞くのが習慣でした。自分が売っていた商品は他社と比べて値段も高かったのですが、決定打となったのは「スピード」だったのです。

「一番に君が来てくれたから」。しょせん契約理由はそんなものなのです。

顧客から電話があったら、すぐにカバンだけ持って駆け出していく。バカに見えるかもしれないけれど、自分が顧客だったら、すぐに駆け付けてくれる営業マンのほうが嬉しいに決まっています。また、**自分が「秒」で決めたことで、記憶に残るような大きな失敗はないし、逆に成功のほうが多かったと思います。**

もちろん職種や商品の値段、取引先の規模によって、「秒」で決められないジャンルもあるのかもしれません。何千万円の家の売買なら、そうは簡単にいかないでしょう。でも、そうした高額の商取引でも、すぐ動く営業マン、限りなく「秒」に近いスピードで決められるビジネスマンのほうが成績は絶対によいはずです。

ちなみに、僕はもともとせっかちな性格なので、「秒」で行動するというのがクセになっています。たとえば、焼肉屋さんに行っても最初に店員さんを呼ぶボタンを押して、オーダーを取りに来るまでにメニューを見て注文を考えます。

僕は選択の時間に余裕がある事柄でも「秒」で決めます。

決断の決め手は、第六感、直感といってもいいと思います。

選択の根拠は、心のどこかに何か引っかかるもの、コンマ1㎜でも気になっているものを選んでいます。心理学に「メラビアンの法則」というものがあります。心理学者アルバート・メラビアンが提唱した概念で、人物の第一印象は3〜5秒で決まり、55％の視覚情報、38％の聴覚情報、7％の言語情報が決め手になっているといいます。こうした法則に基づいているとすれば、それまでの経験や蓄積した知識が、無意識のうちに第六感、直感という「第一印象」に変換されて、決断の決め手になっているわけです。

正しい選択のためには、常日頃から自分の経験や知識をフル稼働させ、古い常識や既成概念にとらわれずに分析することが大事だと思っています。

偏見にとらわれた選択というのは大抵の場合は間違っていて、余計な事情も考慮するため決断も遅くなります。

現在の僕は、仕事に関するいろいろなことを「秒」で決めています。

僕はYouTuber以外にもさまざまな事業を展開していますが、運営のための意見やアイデアは、よいものであれば自分の部下からでも「秒」で取り入れる準備ができています。自分が10年間続けた仕事でも、入社1カ月の新人によいアイデアをもらったら、すぐにGOサインを出します。新しく会社を作る時も、決定は「秒」で出しました。「その新しい会社のアイデア、いいね！」と思えば、会社であっても「秒」で作れるのです。そんなノリで会社を2、3社、作りました。

最近だと、巨大企業の役員の方などが受講する組織マネージメント理論「識学《しきがく》」の講座を受けました。10回の講座で受講料は100万円ほどになります。これも知り合いの医療関係の方から内容を聞いて即決。次の日には、講座の予約を入れました。

ビジネスには慎重であることは必要です。しかし、「秒で決断すること＝慎重ではない」と考えるのは早計です。**数百万円、数千万円を扱う局面でも、「慎重」という言葉は、行動が遅い人の言い訳でしかありません。**行動が遅い人ほど、成功は遠のいてしまうのです。

POINT

「選択」に時間をかける人間は、行動が遅いから成功しない

Ⅱ

最大かつ最強の時短テクは「自分にできること」を分析すること

誰でもやりたいことだけやって、やりたくないことは避けたいものです。ただ、やりたいことだけをやってビジネスで儲かっている人はほとんどいません。僕はやりたいことに最初に手を出してしまうという選択肢そのものが、あまりよくないような気がします。成功するための最短ルートのように思えますが、やりたい仕事を成功させるのは、とても時間がかかります。

やりたいことをやっている代表的な職業に、デザイナーやミュージシャンが挙げられますが、「やりたいことをしている」と胸を張って答えられる人が何人いるでしょうか。仕事をこなしていくうちにスケジュールや売り上げに追われる状態になり、やりたいこと以上にやりたくないことも増えていきます。

やりたいことをやるのは素晴らしいと思いますが、10年も20年も、はじめた頃の気持ちで取り組んでいる人はまずいないでしょう。

結局は普通の仕事になってしまい、「こんなはずじゃなかった」という気持ちが生まれてしまうものです。

また、「結婚する」とか「子どもが生まれた」という現実的なことが壁となって立ちはだかり、妥協を余儀なくされることもあります。

「初心、忘れるべからず」は、誰でも必ず陥るであろう、最初の気持ちを忘れてしまうことを戒めるための諺《ことわざ》なのです。

また、なぜ僕が最初からやりたいことをやってしまうという選択肢を勧めないかというと、YouTuberとしての経験によるものなのです。

YouTubeでは、「やりたいこと」を動画にしても成功はせず、「できること」を特性にしたほうが、よい結果が得られます。

僕はエンタメ系チャンネルを開設していますが、特にやりたかったわけではありません。営業マン時代に培ったトークのスキルと、もともとお笑い好きだったユーモアのセンスを掛け合わせることで、**ビジネス的に「俺でもできそうなジャンルだな」「あわよくば勝算があるな」と、判断しただけです。**

自分の得意なこと、つまり「できること」を仕事にするのが、成功への最短ルートといえます。「高い目標」と「実際に自分ができること」、僕は目標を立てる際に、この両方の間を着地点にしています。すると絵に描いた餅にはならず、管理さえしっかりやっていれば高いクオリティで達成できるのです。

では、仕事で「できる」ことは何か。これは自分が分かっていないと意外に思いつきません。ですから自己分析をすることはとても重要なのです。

才能というのは遺伝子的に決まっているので、それ以上の結果は出せないし、実力以上の仕事もできないといわれます。ただ、自分の弱いところや限界さえ知っておけば、あとは努力次第で伸ばすことは可能です。この仕事はひとりでいける、これは他人に任せるしかないと、効率よく分業することもできます。

何でもうまくやっているように見える人もいるけれど、実は自分の能力のキャパシティの中でしかやっていません。新しいことにどんどんチャレンジして、キャパを超えて大成功を収めるというのは、あり得ない話です。**凡庸な人間だろうが非凡な人間だろうが、自分の仕事をキャパシティの中で最大化できているかどうかが重要なのです。**

もちろん、新社会人が就職する段階では、自分では何が「できる」かということは分からないほうが多いはずです。

それを明確にするのが「特技」や「資格」といえるでしょう。

たとえば、国家資格や語学の検定などを持っていれば、取得した資格に関連の職種に就職したほうがよいと思います。スタートダッシュが速くストレスも溜まりにくいので、人よりも成功するチャンスがあるからです。あくまで「できる」仕事が大事なので、その職種が好きかどうかはあまり関係がないといえます。

もしあなたが、その「やりたいこと」のジャンルで、すでに数々の実績を残している天才であれば、僕は何もいいません。しかし、**単純に好きだからとか、頑張りたいからというういい加減な考えでは、成功するまでどれくらい時間がかかるか分かりません。**いつの間にか40歳とか50歳になって、つぶしが利かなくなるのがオチです。

自分の「できる仕事」をこなすことこそ、成功への最短ルートを取るテクニックです。いろんなことをやりきって成功したら、当然、余裕が生まれるので、この時はじめて「やりたいこと」に触手を伸ばせばいいんです。

本当に「やりたいこと」なら、逆にいつだってできます。余裕が生まれてから取り組んだほうが、クオリティの高い仕事ができるはずです。

POINT

自分の「できる」仕事をこなすことこそ、成功への最短ルート

III

厚いのか薄いのか、お客さんのトリセツを見極める

ビジネスは自分のスキルだけを上げれば成功する、というものではありません。どんな商売でも、お客さんが存在してはじめて成立するのです。つまり、ビジネス相手のことを知っていなければ、商売をしたり商談をしたりするのも、余計な時間がかかってしまいます。

ビジネスの結果を最短で成功に導きたいのであれば、顧客を分析したり、市場のマーケティングをしたりすることは欠かせません。

現在の僕のYouTubeの仕事でも、細かいアクセス解析をはじめ、視聴者に対する分析を綿密にやっています。客層の分析を怠ると、自分の届けたいものが届かなくなってしまうからです。

僕の営業マン時代の話をしましょう。

取引先にはいろいろなタイプのお客さんがいました。営業マンは、こうしたお客さんを攻略しやすいお客さんかどうかでパターン分けします。

自分の要求を少しでも聞かないと怒る人。こちらの話がブレると「いい加減だ」と怒る人。営業マンをビビらせるために、理由もなく最初から怒鳴る人もいます。また、できる限り値下げしないと気が済まない人。おまけをつけると喜ぶ人。営業マンは、お客さんの感情が動くパターンをきちんと分析します。

お客さんと付き合っていく中で「ああ、こういうタイプだよね」と、パターン分けしていきます。もちろん最初から、パターン分類を作ろうと思って動いたわけではありませんが、営業マンの人間観察の精度はかなり高いと思います。

ちなみに営業マン時代、このパターン分類のことを「トリセツが薄い」とか「トリセツが厚い」とか、そういう言い方をしていました。たとえば、すぐ怒ってしまうお客さん、気難しいお客さんは「トリセツが薄い」人と呼んでいました。

「すぐ怒る」「気難しい」というのは、実は扱い方がメチャクチャ簡単な人です。うるさい人とか、威張っている人になればなるほど、分かりやすいお客さんです。営業マンには嫌がられると思われがちですが、そんなことは一切ありません。一見、面倒くさそうに見えても、相手はサイコパスじゃありませんから、褒めれば喜んでくれますし、踏んではいけない地雷も分かってきます。いろいろ怒られたりしながら経験を積んで、相手を観察したり、何気ない情報を蓄積していけば、だんだん相手のトリセツが読めるようになり、意外といい顧客になったりするものなのです。

面倒くさそうにも思えますが、これが客層の分析の最短ルートです。

また、威張る相手には「さすが親分肌ですよね」と評してみたり、怒られても素直に「勉強になりました」という態度を表明したりします。**相手の懐に飛び込んで、子分かファンにでもなった気持ちで接するのが攻略法です。**

もちろん、お客さんの陰で舌を出したりするような浅はかな考えでは簡単に見抜かれてしまいます。本気で自分のマインドを、そうした方向に落とし込んでいかないと攻略はできません。

反対に何を考えているか分からない取引相手は、トリセツが厚い強敵です。

褒めたと思っても急に顔が暗くなったり、黙り込んだりする人もいます。役職や立場にかかわらず、「難しいなコイツ！」みたいな人がいると、営業的に突破するのは難しくなります。言葉を一つひとつ精査して選び、気をつけて会話しながら、探っていくしかありません。

また、商品を売る場合、売り方も何パターンかあります。営業マンは、相手を分析しながらどのパターンを使うかを判断していくのですが、僕は口が達者だったので、商品をＰＲして、相手をその気にさせてセールスするのが得意でした。

でも、安定して高い商品を売るためには、信頼を得て商品ではなく自分自身を買ってもらう技術を身につけるのも大事なことです。

売る商品が安物で、かつ口八丁のスキルがあれば、誰でもそれなりに商品は売れます。値段が高い商品でも「お前だから多少高いけど買うわ」といってもらえるのが凄腕の営業マンです。無理なことをできるのが、営業職で生き残っていける人なのです。

僕は、現在でも営業マン時代と同じようにパターン分類を踏襲しています。僕のチャンネルで扱う広告の案件動画に関しては、自ら依頼先に赴いて業務の内容を説明して、毎月何千万円の契約を取ってくる場合が少なくありません。**その時のゴールまでの落とし込み方は、営業マン時代に培った分析法と、そこから導き出されるトーク術を今でも自然に使っています。**

営業の結果を最短で出すために必要なのが、相手をきちんと分析してトリセツを理解する能力なのです。

POINT

観察したり情報を蓄積したりして、相手のトリセツを読め！

IV

人より先に広告案件をオープンにしたことで、視聴者の信頼につながり、ひいては企業の信頼にもつなげることができた

ＹｏｕＴｕｂｅの収益が広告から得られるのはご存じかと思います。動画を見る時に途中でＣＭが流れますが、10分以上の動画番組だとタイムライン上に黄色いバナーが立ちます。それが広告の位置になります。ＣＭ広告は大企業から中小企業まで出稿していて、広告料の一部がＹｏｕＴｕｂｅｒへと流れます。

この広告はＴＶ－ＣＭと一緒で、誰が見るか、いつ見るかという設定もできるのですが、基本的にはランダムに流れています。

ＹｏｕＴｕｂｅの広告では、動画に広告を入れるには一定の基準をクリアしないといけません。まず、過去12カ月で総再生時間が４０００時間以上かつ、登録人数１０００人以上が必要です。また、一種のレイティングのようなものもあって、公序良俗に反する動画や犯罪を助長する動画は広告の審査段階にも行けません。この基準をクリアするとＹｏｕＴｕｂｅ側と銀行口座などの手続きに進み、広告料の一部が入金されていくのです。ちなみに、**動画の再生数とＣＭが表示される回数は多いほどお金になり、その総数に応じて動画を上げたＹｏｕＴｕｂｅｒに多く入ります。つまり、再生数と動画の尺は重要なのです。**

ＹｏｕＴｕｂｅでは、ＣＭを流す広告よりも儲かるのが「広告案件」と呼ばれる広告です。これはスポンサーがYouTuberに直接、商品の宣伝などを依頼するものです。

現在は動画配信の各社のコンプライアンスで、広告案件が含まれる動画がはじまったら、何分以内に3秒間提供の表示を出すなど、いろいろルールが決められています。これはいわゆるステルスマーケティング、つまり広告とうたわない宣伝をする方法をNGとして、視聴者を「誘導的な宣伝」から守るためのルールです。消費者庁では、ステルスマーケティングは消費者をだます面や不利益をもたらす面を持つため、景品表示法上の不当表示と捉え問題としています。

この広告案件は企業や商品によって値段が違います。宣伝費の計算の仕方に基準があるわけではなく、会社によってまちまちです。つまり、**クライアントの規模によって時価のように相場を上げ下げしているのではなく、依頼のルートによって費用が変わってくると考えてもらってよいでしょう。**

僕の事務所に直接コンタクトしてきたら広告案件は「仕入れ値」でやれますが、間に広告代理店が入ると倍くらいの値段になってしまいます。代理店はクライアントを見て値段を決める場合が多いので、これは致し方のないところです。

ほかにも広告案件ではなく、「これを動画の中で使ってください」と現物を渡されるケースもメチャクチャ多いです。もらうお金はゼロの場合もあります。

クライアントが僕の事務所に直接依頼をした場合、メールやＬＩＮＥだけの連絡、打ち合わせで案件動画を作成することになります。

でも、クライアントからしたら、それでは不安な気持ちになるのも分かります。５００万円や１０００万円の仕事をＬＩＮＥだけで終わらせたくない人も多いし、広告案件を頼みたいけれど、まだ決めかねている場合もあるからです。

その時は事務所のマネージャーなどではなく、僕が直接出向いて仕事内容の説明をします。

実は、これが仕事を取ってくる方法では一番の近道になります。

打ち合わせでクライアントの望む訴求ポイントをしっかり押さえて、再生数を稼げる企画を考えれば、契約成立に導けます。

大抵の場合、再生数は売り上げにつながるので重要です。もっとも、再生数が異常に上がったのに商品が売れなかった案件というのもあります。その逆パターンもある。正直、ふたを開けないと分からない部分はありますが、再生数をきちんと稼ぐことが、まずクリアしなければならない仕事になります。

広告案件はYouTubeではやりたがらない人も少なくありません。やると再生数が伸びないという人もいます。案件には必ずNGワードがあり、さらに訴求ポイントも入れないといけないので自由なノリで作れなくなり、何となくぎこちない動画になってしまう可能性も否めません。それを感じさせないようにするには、**クライアントと事前に打ち合わせなどの準備をすることと企画力が大事なのです。**

僕の動画にこうした広告案件が登場したのは、YouTubeをはじめて1年くらいの時です。その頃は月に1、2本程度でした。

広告案件の動画だと確かに視聴回数が下がるのですが、僕やYouTuberのヒカルさんは、「今日は提供なんです!」とあえて言いはじめました。すると、視聴者も広告案件をどう料理するかを楽しみにして見てくれるようになりました。**視聴者に自分のビジネスをオープンにして理解を仰ぐ。これこそが、僕たちが見極めた広告案件の儲けのポイントだったわけです。**

POINT

訴求ポイントを押さえて企画を瞬時に考える

V
関わる人員をとことん削れば時間もコストもかからず、利益を最大化できる

広告案件に関しては、基本的に最初の商談からＬＩＮＥを使った打ち合わせまで、すべて自分でこなしています。

大きな事業では分業にしなければ、実現不可能なものもあるでしょうが、広告案件は分業をする必要はありません。

ＹｏｕＴｕｂｅの映像制作といった少数精鋭の体制の仕事では、そこに関わるスタッフの人数はほんの数人で十分。むしろ、人数が少ないほど効率的なのです。

広告案件を自分自身で営業をすると、プロデューサー、ディレクター、演者である本人がクライアントの要望をきちんと把握できるので、その場の判断で自分に合った企画を提案しやすくなるわけです。もちろん実際の動画制作も、工数が少なく、効率よく実行できます。

広告案件は、クライアントからこの仕事をやってくれという、依頼のメールやＬＩＮＥなどで連絡が来るところからはじまります。下手をしたら、そうしたやり取りだけで、顔合わせもなしに仕事がスタートすることもありますが、直接打ち合わせをしたいとの要請があれば、出向いて契約を取ってくることになります。

先方から連絡をいただくわけですから、１００％仕事を依頼したいという場合がほとんどですが、中には半信半疑の人もいます。**それを値段の設定をしたり、いかに案件広告が魅力的かを理解してもらって100%に持っていくわけです。**

実際、クライアントの会社に出向いてみると、会社の社長さんが僕のファンで、会ってみたいから打ち合わせに呼んだというケースもあって、驚かされることもあります。それもありがたい話ではありますが。

また、NG事項は何もなしで好きにやってよしとか、自分を動画に出演させてくれとか、うちの会社で撮影してくれればいいとか、そういう依頼もあります。

企画内容をこちらから能動的に提案する場合は、自分のできる企画とクライアントの要望を、可能な限りすり合わせていきます。もちろんメインスタッフは僕自身なので、あちらこちらに許可を取るというストレスもありません。クライアントの要望を聞くことは大事ですが、それだけで進めると「船頭多くして船山に上る」ではないですが、必ずぎこちない動画になってしまいます。

こうした営業では、自分がお願いされて「売ってあげますよ」というスタンスに立つのが重要です。本当は、クライアント側に動画を買ってもらう立場ですし、当然、上から目線の物言いができるわけではありません。クライアントを本気で好きになって、どうにか儲けさせてあげようと考えることも重要です。しかし、精神上のイニシアチブを取れると、ストレスがなくなり仕事の進行が速くなるのは事実です。

これは普通の営業でも同じことではないでしょうか。

逆に相手の要望だけを聞いて、嫌だなぁというマイナスのマインドを持つと、ストレスが溜まってよい仕事ができなくなってしまいます。

ちなみに、僕はオカルト的なことはまったく信じていませんが、嫌だなぁというマインド、あるいはヤル気のある時のマインドでは、何かのエネルギーや電磁波のようなものが自分の体から発生していると思っています。もしかしたら、それが「オーラ」や「気」といわれているものだったりするのかもしれません。少なくとも、気持ちのありようによって口角や目つきは変わっていきます。すると、全体的にも、具体的に言い表せないような雰囲気になってきて、営業マンの成績に大きく影響が出てくると確信しています（この「オーラの法則」は、個人的に、100年後には科学的に説明できるようになると思っています）。

また、僕はプライベートで誰かと会うことはほとんどないのですが、仕事上ではたびたび会食する機会を設けています。先日も、ある企業の副社長さんとご一緒させていただく機会があって、最終的にはそれが案件につながりました。これも最初はYouTubeの広告について聞きたいとのスタンスだったのですが、営業トークが実を結んだ結果でした。自分に合った案件を自ら営業するには、とにかく最初に自分自身で動き、商談の流れを引き寄せることが近道です。自分の商売を一番理解している自分自身が、常に相手を分析しながら商談を進めるのですから、効率的なのは当たり前なのです。

誤解を生まないためにつけ加えますが、広告案件の営業や打ち合わせにYouTuber自身がやってくるのは、非常に珍しいことだと思います。ましてや、TV-CMで演者のタレントさんが説明段階で企業に打ち合わせに来ることは絶対にあり得ない話でしょう。ミニマムだからこそ、利益を最大化できるのが僕の強みなのです。これは大企業では無理ですが、中小企業では応用できるかもしれません。

POINT

自分で営業して顧客の要望を把握すると、自分にあった企画を提案できる

Ⅵ

広告案件は月20本！
削った時間は
次の案件に回して
利益をどんどん生み出す

現在、僕は年間60本くらいのアベレージで、多い時は月20本くらいの広告案件を制作しています。おそらく日本で一番、多くの案件をこなすYouTuberだと思います。この量の多さの理由は、どんな案件でも断らずに受けるからです。たとえ難しい内容の案件でも、僕なら面白い動画にできます。その結果、必ず数字が取れるのです。

1年の中で、もっとも広告案件の依頼が多いのは12月と3月。ソーシャルゲーム制作や映像制作などのメディア業界の繁忙期と重なるのが興味深いですが、これは各業界の年度末の予算消化ということもあるかと思います。

この大量の広告案件をこなしていくには、いくつかの秘訣があります。もちろん、安易な手抜きなんかはしません。それをやったらYouTubeの世界では生き残れませんし、視聴回数の数字を取ることも絶対にできないからです。

YouTubeはそんなに甘い世界ではないのです。

では、僕はどうやって大量の広告案件をさばいていくのか。これはほかの業種にも共通する方法論です。**それは工数を少なくし、徹底的に効率化して動画制作を行うことなのです。**動画撮影は、演者でディレクターでもある僕が、現場で、編集者向けに指示を出しながら行っています。これは、どんな完成形になるのか頭の中にシミュレーションがあるからこそ成せる業だともいえます。すると30分間撮影すると、ほぼ全部がムダなく素材になるわけです。

できるだけ手間を削って、コンパクトに動画を作れるのがYouTubeの特性ですから、たくさんのスタッフが分業し、VTRを何時間も回して作るTV番組の制作ではあり得ない話です。もちろん内容的には、ラファエルというYouTuberがトークの中で案件を面白く扱うのがメインで、大掛かりなセットや、手間のかかるロケ撮影には手を出しませんから、単純な比較はできないのですが。

これほど正反対の性格を持つメディアですから、YouTuberの僕からすれば、TV番組の撮影は大げさに感じてしまいます。

もちろん、その分、TVはクオリティの高い映像だと思います。カメラもいいものを使っていますし、演者のメイクアップだって超一流です。

でも時間の使い方だけは、少なくとも僕には理解できません。以前、ある番組に出演した時のこと。13時から収録といわれたのですが、集合が9時だったりします。

プロデューサーさんに「何するんですか」と聞いたら、9時から打ち合わせで10時からメイクをするとのこと。でも、事前に打ち合わせも終わっているし、僕はメイクもしないから、12時半くらいに行きますって伝えたんです。

別にテキトーな仕事ぶりでないんですが、実は、それで十分なはずなのです。

ただ、業界のスタンダードからすると「え？」という反応になりました。だって、向こうはこれが当たり前の形と思ってずっとやってきているんですから。

もちろん、しっかり機材をそろえて、綿密なスケジュールを作れば、立派な映像ができるでしょう。確かに、**数千万円や数億円の規模で映像を作ろうと思ったら、まず、それをスポンサーや出演者にも、分かりやすい形で見せ、納得させないといけません。**

でも、僕にとっては費用が何億円であっても、余計な段取りは正直いりません。

映像を収録したあとは、編集者がＶＴＲを編集します。そして、それを統括する編集リーダーがチェックして……。歩いてロケをすると、カメラマンのほかに照明、音声、ＡＤがいたり、タレントのマネージャーがいたり。本当にそんなにスタッフが必要なのか、僕にはさっぱり理解できません。これはバブルの頃にできた形が、多少残っているんじゃないかなとも思っています。それを伝統的に続けているＴＶ業界が、近年ネットに押され、崩れてきているのはご存じのとおりです。

ＹｏｕＴｕｂｅでは、プロデューサーと現場ディレクター、演者を自分で行っているようなものなので、関わる人たちに気を使うことがありません。効率化の面では、まずそれが大きいと思います。また、スタッフの少なさは企画内容を共有しやすいという面でも有利です。工程や段取りをいちいち説明するタイムラグも軽減できますし、その時間をほかの仕事に回せるのです。

現在、自分の個人マネージャーは2人いますが、それぞれが非常に高いスキルの持ち主です。ムダを徹底して省いた少数精鋭でないといけないわけですから、その分、**個人個人の高い能力が必要となります。僕の事務所で、簡単に社員やバイトを雇わないのには、こうした理由があるのです。**

広告案件のクライアントからは「少数でいきなり来て、いきなり撮影して、嵐のように帰っていくね！」と驚かれることがあります。その工数を減らす技術こそが、多数の案件をこなす秘訣なのです。

POINT

何事もコンパクトにすれば、時間という原資が豊富に使える

運営のための意見やアイデアは、
よいものであれば
自分の部下からでも
「秒」で取り入れる思考がある

「一番に君が来てくれたから」。
しょせん契約理由は
そんなものなのです

うるさい人とか、
威張っている人になればなるほど、
分かりやすいお客さん

「今日は提供なんです！」と
あえて言いはじめたら、
視聴者も広告案件を
どう料理するかを楽しみにして
見てくれるようになった

嫌だなぁというマインド、
あるいはヤル気のある時の
マインドでは、何かのエネルギーや
電磁波のようなものが自分の体から
発生していると思っている

「少数でいきなり来て、
いきなり撮影して、
嵐のように帰っていくね！」
と驚かれることがある

第2章

遊びも睡眠も、プライベートな時間を徹底的に削ぎ落とす

目標を達成できるのであれば、
睡眠時間を失っても構いません。
寝たい、遊びたい、楽しみたい——
そんなことは目標に辿り着いてから、
いくらでもできると思いませんか？

I 睡眠時間を削れば削るほど、目標へと近づける

僕は眠る時間を削ってがむしゃらに働いています。それは苦ではなく、どんどん目標に近づいてくることが実感できて楽しいくらいです。現在の平均睡眠時間は約4時間。残りのほとんどは労働時間なので、仕事が前進しなければおかしな話です。

総務省統計局の「国民健康・栄養調査」２０１７年版によれば、平均的な日本人の睡眠時間は６時間以上７時間未満の割合がもっとも高いそうです。すると僕は、ほかの人よりも1日３時間多く活動していることになり、１年間だと3時間×３６５日で１１０９５時間。つまり、僕は人よりも45日多く生きている計算になります。

僕のカレンダーには13月が存在するのです。

周囲の人にはよく「眠くならないか？」ということを聞かれます。でも、不思議と眠くなりません。実は「ショートスリーパー（短眠者）」らしいのです。**ショートスリーパーとは、寝不足という意味ではなくて、6時間以下の睡眠で生活できる人間を指します。**

睡眠では、レム睡眠（浅い眠り）とノンレム睡眠（深い眠り）が繰り返しますが、ショートスリーパーはレム睡眠の時間が短いため、短い睡眠でも普通の人と同じような効果が得られるのです。

こうした体質には遺伝子が関係していると分かっていますが、**普通の人でも少しず**

つ睡眠時間を減らし、時間をかけて体のリズムを慣れさせることが可能なようです。

僕は高校生の頃のバイト時代からずっと働いていますから、遺伝子の問題なのか単純に慣れているだけなのかは分かりません。ただし、先日対談した医療関係の先生に「寝ないと死ぬよ」といわれたので、少し見直そうと考えているところです。

少し興味があるのが、アメリカで流行っている効果的な仮眠法「パワーナップ（Power nap）」。「パワーアップ」と「ナップ（昼寝）」をかけ合わせた造語で、「15～20分程度の昼寝」を指します。その効果はＮＡＳＡ（アメリカ航空宇宙局）のレポートでも実証されていて、昼に20分前後の仮眠をとった飛行士を調べると、認知能力が34％、注意力は54％も向上したと報告されているのです。アメリカ軍の海兵隊でもパワーナップをパトロール前に義務付けるなど効果が認知されている方法です。

睡眠には脳や神経の疲労を回復させ、活性化を促してパフォーマンスを向上させたり、ストレスを軽減させたりする働きがあります。また、睡眠時は血圧が低下するため高血圧の予防となり、心臓病や脳梗塞、糖尿病などの防止にもつながると考えられています。

寝不足が続いてしまうと身体能力が徹夜と同じ程度まで低下することも分かっていますが、怖いのはこの身体能力の低下は自分で気づくことができないということです。

寝不足が進むと、自分では気づかずに問題のあるジャッジをするようになるとの研究もあります。

アメリカでは睡眠不足で落ちる生産効率のため、毎年1000億ドル（約12兆4000万円）の経済損失があるといわれていますから、こうした睡眠の研究が進んでいるのです。

ただ、僕のこれまでの経験からすれば、4時間寝ている日も10時間寝ている日も体調はまったく変わりません。なので、すぐに昼寝を採用するかどうかは難しいところではありますが。

とはいえ、一般人、中でもサラリーマンなどの社会人にとっては、睡眠は仕事をするにあたって重要な要因になっているはずです。

最近、組織マネージメント理論「識学」を学んだので、ムダのない生産性の高い時間の使い方ができるようになってきました。仕事だけではなく、自分の活動に対しても管理が行き届くようになり、時間の余裕も多少は生まれました。

このタイムマネージメントで生じた時間を睡眠時間の補填に使おうと思いましたが、別の予定を入れたりほかに会社を作ったりしてしまったので、結局は寝る時間は今までと変わらないサイクルに陥ってしまったのでどうしたものかと悩んでいます。

ただ、**どうにも寝られないのは、僕のせっかちな性格に問題があるようです。働くことが好きですから仕方がないのかもしれませんが、さすがに一般のビジネスマンにはあまりおすすめはできません。**

やらないといけないことがたくさんあると、生活は変則的になります。今日は2時間しか寝ていないとか、まったく寝ていないなど、睡眠時間もばらついてしまいます。急なスケジュールの変更は生活のバランスを崩す原因です。

とはいえ、時間を作るために生活のサイクルを管理することはとても重要です。誰でもムダな時間を省いて年間に1カ月近い時間の余裕ができたら、いろんなことができるはず。もちろん睡眠を削るのではなく、生活のムダを省けば時間は作れます。

あなたも13月を作ってみたらいかがでしょうか。

POINT

誰でもムダを省けば、長い時間を生きられる

II

筋肉に負荷をかけるように、仕事にも負荷をかけなければ自分のスキルは成長しない

僕は現在、いろんな仕事をやっています。タイムマネージメントで作った時間に、どんどん新しい「やるべきこと」を詰め込んでいくからです。ある意味、オーバーブッキングといえるでしょう。しかし、こうして詰め込んだ仕事はいずれも成功させています。過密スケジュールが原因で起きた大きな失敗は、少なくとも記憶にありません。**端から見るとオーバーブッキングに見えるのかもしれませんが、実は自分の能力のキャパシティの限界の中でしかブッキングしていない結果ともいえます。大きな失敗がないということは、僕はキャパ以上のことはやっていないのです。**

僕は仕事の最中に「これもできるからやっちゃおう」と、どんどん作業を追加していきます。同時に2つのことを考えるのもキャパの範囲内なのです。

性格的にせっかちというのがありますが、そうした仕事の同時進行のやり方に慣れているので人よりキャパが大きいのです。

僕は効率よく仕事をこなすために、徹底したタイムマネージメントとスケジュール管理を行います。この2つさえ先に決めてしまえば、あとは実行だけなので楽なものです。

こうした管理は、スマホのアプリでもパソコンのソフトでも、手書きの手帳でも大丈夫。**時間ごとの「マスト」「ウィッシュ」の行動リストを明文化することが大切なのです。一度、書き出しておけば、「忘れてしまうかも?」という焦りのストレスからも解放されます。ちなみに僕はスマホのアプリで管理しています。**

こうした時間の使い方は、僕が自衛隊時代に学んだものです。自衛隊ではやるべき命令が下ったら、遅れることは絶対に許されません。有事の際、もし出動が5分遅れたら「〇万人が死ぬ」とか、3分だと「〇万人死ぬ」というシミュレーションがあるのです。「〇万人」は単なる数字でしかありませんが、その中には、僕も知っている近所の人や子どもたちが含まれるかもしれないのです。

タイムマネージメントとは仕事を詰め込む労働強化の技術ではありません。仕事の成果を高めるため、時間を主体的に管理、活用して、仕事を整理する能力のことです。その結果として効率が上がってくるのです。

とにかく時間を効率的に使っていくことは大事です。それを意識して生活すると、次第に自分のキャパシティが大きくなってくるはずです。

余裕を持った仕事ばかりではスキルは上がりません。筋トレと同様、限界を超えた負荷をかけないと成長することはないのです。

分業で得意分野の作業をシェアし他人に任せてしまうのは、効率的ではありますが、少なくとも自分のスキルは停滞したままで成長は望めなくなります。時には徹夜をしたり自分の知識や能力を超えた仕事をこなしたりして、徹底的に自分に負荷をかける。そうすることでスキルが上がり、スピードも増していきます。当然、キャパシティも大きくなっていくでしょう。

新人サラリーマンの仕事の能率を落としてしまうような「詰め込み」や「過密スケジュール」を肯定はしませんが、そうした状態を経験することは、スキルを上げるチャンスでもあるのです。同時に複数の仕事をどう整理していくかというノウハウも構築されていくはずです。

まずは今やらなくていいことを決め、絶対やるべきことに集中してこなしていく。こうした管理、整理から徹底し、そのペースに慣れてきてから同時進行するプロジェクトの数を増やしていくのがいいと思います。

こうして時間を効率的に使い、複数の仕事を的確にこなすスキルが育てば、仕事量は格段に上がり時短にもつながっていきます。僕が仕事をスキマなく詰め込んで複数を同時にこなしていけるのも、こうした管理や整理に長けているからなのです。

動画を撮影する場合も、僕の頭の中にはスケジュールがしっかりと入っていて、なおかつ時間をきっちり守るように意識しています。

これを聞くと、「そんながんじがらめのタイムマネージメントは、自分には難しくてできない！」という新人もいるでしょう。でもあきらめる必要はありません。だったら個人的に始業を1時間早め、終業を1時間遅くすれば2時間は稼げます。オーバーブッキングにしなくても少し多めの仕事をこなせるはずです。するとプライベートな時間が2時間減りますが、家でダラダラ過ごしている時間をカットされただけです。

タイムマネージメントができるようになれば、自分の能力のキャパシティも徐々に見えてきて、どれだけ複数の仕事がこなせるかも分かってくるでしょう。

もしも、「そんなことはできない！」という人は、どんな手段を使っても今後の成功や成長は難しいのではないでしょうか。

POINT

時間を主体的に管理、活用すればオーバーブッキングは可能

Ⅲ

本当はもっと
ゲームをしたり
海外ドラマを
見たりしたいが、
今はその時間が惜しい！

スケジュールの管理は僕のライフスタイルの要といえる重要な仕事です。スケジュールには、現在のメインであるYouTuberとしての直接的な打ち合わせや撮影だけでなく、他社との会議などもビッシリと組み込まれています。

こうしたスケジュールはスマホのカレンダー機能を使って管理しているほか、2名のマネージャーとも情報を共有して、決めた時間に予定どおり行えるように順守しています。

平均的な僕の1日のスケジュールを公開してみましょう。

■ある日の平均的スケジュール

▼10時～11時／始業

まず、マネージャー2名と本日のスケジュールの確認をします。加えて昨日の仕事で抜けてしまった作業なども確認します。

同時に、それまでに思いついたさまざまな事業の企画を、新企画専用のグループラインに投げて各会社に実行や検討を指示します。

こうしたミーティングは通常の会社の朝礼に近いものです。

▼11時〜12時／動画制作

打ち合わせ済みの企画や撮影内容を確認してスタッフと共有。動画の撮影を開始します。準備から撮影後のデータ管理まで、およそ1時間で終了します。

▼12時〜13時／昼食

僕は、料理はできますが、自分で作ることはあまりなく、実は食べることにも興味がありません。ですから昼食は手近なコンビニのお弁当だったり、Uber Eatsを利用して届けてもらったりします。その間もLINEチェックは欠かしません。

▼13時〜15時／他社での会議

経営にタッチしているほかの企業や、広告案件のクライアント企業に移動しての会議です。移動時間もあるので意外に時間を使ってしまいますが、その間にもLINEを使って会社とのやり取りを頻繁に行っています。

▼15時〜16時／動画制作

外から仕事場に戻ったら再び動画撮影の開始。準備からデータ管理までおよそ1時間で終了します。

▼16時〜20時／企画会議　動画制作　調整

広告案件の企画出しやサブチャンネルの動画撮影など、もろもろの作業の調整を行います。空いた時間は常にＬＩＮＥでほかの会社への指示を伝えたり、新しい企画を投げたりしています。この作業量がかなり膨大なのです。

▼20時／終業

以降はプライベートの時間になりますが、クライアントとの会食やジムでの運動、最近ではジュエリーのデザインやＤＪの練習に充てています。必要がある時は、ほかの会社の打ち合わせに出向くこともあります。

会食は回数を減らしている最中ですが、これも営業の一種ですからすべてをなくすことはできません。また、仕事に打ち込むには体力も必要ですから週に何回かはジムに通うことにしています。ボディ・メイキングは自分のブランディングにも関わるので重要です。ＤＪの練習は半分仕事になっていますが、ほかにプライベートの趣味がないのは幸いだと思っています。

▼深夜02時〜03時／帰宅

すべてが終了して、家（といっても事務所ですが）に帰り着くのが深夜02時頃。

映画はたくさん見ていて大好きですが、なるべく海外ドラマは見ないようにしています。一度、見はじめるとシリーズが長いので時間がもったいないと思ってしまうのです。同じ理由でゲームもやらないようにしています。**遊びにトータルで何十時間も拘束されるのはキツイですから。そういうスケジュールは、間違っても20時台には絶対に入れません。**

その代わり読書はします。知識や感性のインプットはどんな職業でも大事です。インプットがなければアウトプットもできません。最近は、書籍を朗読してくれるスマホのアプリも使っていろいろな形で読書をしています。同じように映画も1日の最後にベッドの上で見ることがあります。

▼05時～06時／就寝

ようやく就寝です。ときどき、読書の途中や映画を見ながら寝落ちというパターンもあります。

こうしたスケジュールが、僕のスマホで管理されています。月間の予定を見ると空いている日はありません。空いている日があったりしたら、逆に困惑してしまうでしょう。過密気味にスケジュールを組み、それを着々とこなしていくのが、自分にとって最適で効率的な生活リズムなのです。

POINT

自分にとって最適で効率的な生活リズムを見つけろ

IV

あらかじめ時間さえ決めておけば、やりたいことを詰め込んでも破綻することはない！

いろいろな仕事をこなしている僕ですが、最近では本業であるＹｏｕＴｕｂｅに時間を割くことが困難になっているほどです。

持っている会社は８社。表向きは僕が関わっているとは誰も思わないような普通の企業ばかり。**中には経営には携わらず投資のような形の会社もあり、そこでは顧問に近い立場にいます。**

僕自身が運営として動いているプロジェクトは、ＹｏｕＴｕｂｅｒとしての事務所やジュエリーの制作販売会社、インターネットにおける宣伝のコンサルタント業です。

この中で、ジュエリー制作のデザインの仕事は、実際にスケッチしていくほかに、コツコツと美術の勉強もしていかなければなりません。まさに終わりのないアーティスティックな作業で、その意味では創意工夫を怠ることはできないＹｏｕＴｕｂｅｒと似ている面があると思っています。

コンサルタント業はネットワーク上での広告に関するもので、クライアント企業からの質問を実際のデータを挙げながら会議でレクチャー。提案やリポートを提出します。このコンサルタントは定期的に拘束時間が発生するので厄介ですが、ＹｏｕＴｕｂｅやＳＮＳでの広告案件を数多くこなし、成功させている僕ならではの具体的な数字を提供することができます。

そもそもYouTuberは、YouTubeのルールや規約を知らない場合が多かったりします。自分が活動しているメディアなのに、世間の人が聞いたら驚くレベルで何も知りません。反対に僕の事務所は遊びや趣味ではなく、最初から仕事としてスタートしているのでルールに詳しいという自信があります。**何しろバズるだけでなく、BAN（アカウント停止）されたという貴重な経験を持っているのは僕くらいのもの。**リポートはコンサル他社が勝つことのできない現実的な内容や数字ですので、コンサルタント料金もそれなりです。**最低でも月500万円払えるクライアントでないと、僕のコンサルは受けられないと思います。**

まったく違うジャンルでは、「医療人材紹介サービス」の会社もやっています。これは新たにスキルアップしたい医師と、病院オーナーさんとをマッチングするサービスです。これから病院の規模がどんどん大きくなり、優秀な人材が大量に必要とされる時代が到来すると絶対的に必要となってくるサービスです。

こうした仕事の指示や企画立案は、動画制作の合間やスキマ時間にマメに対応します。即断しないといけない経営判断もあるので、仕事の合間にLINEで質問に答えたり、指示を出したりしていくのです。

会社やプロジェクトの仕事を一気にこなしていると、何にどれだけの時間を割り当てるかが重要になってきます。

しかし、あらかじめ時間を決めていれば、その割り当ての中で効率よく行動するだけでよいのです。

YouTuberとしては珍しいのですが、個人でマネージャーを雇っているのは、そこに必ず発生する漏れやミス、進捗管理のタスクを軽減するためなのです。

興味のあることが多いというのは、僕は決して悪いことではないと思っています。問題になるのは自分のキャパシティを超えた仕事に手を出して、身動きが取れなくなってしまうこと。身動きが取れれば、**やりたいことはいくつあってもいいのです。**

それを同時に進行させるには、当然やり方もあるし、また現状でスキルがなければ、育つまで興味を持ち続ければよいだけです。今の仕事のために気持ちまで捨てる必要はありません。むしろ、いろいろやりたいことを持つのは人間の引き出しを多くしていくのです。

自分のスキルが育つまで1日15分間ほど、やりたいことの情報収集だけをしてもよいかもしれません。その情報を基にどれくらいの費用がかかるのかという予算マネージメントや、何をいつまでに実行するのかというタイムマネージメントを考えるのも大事です。やりたいことの種類によっては、不測の損失を最小限に抑えるリスクマネージメントが必要な場合もあります。

まずは、やりたいことを分解して流れをつかんだ分析を一覧表にしてみましょう。

コツコツやるのは、時間がかかって僕が主張する最速の仕事術ではなさそうに見えますが、実はそれも最短のルートのひとつの形なのです。

もちろん次第に、興味が薄れてやりたいことではなくなっていくかもしれません。そうなるのは、その程度の興味、思い入れだったというだけです。また新しいやりたいことを探せばいいのです。

POINT

やりたいことが増えるのは自分の引き出しが多くなることである

V

マネすれば成功できるのに、それをしないやつは正直ナンセンス

これまで「秒」で判断しろとか、睡眠時間を削っていくつもの事業をこなすHowtoを解説してきましたが、「そんなの無理！」という人もいるでしょう。

では、どうしたら成功への近道を進むことができるのでしょうか。

僕の経験からすれば、ビジネスのやり方やライフスタイルなど、身近な成功者をマネる（参考にする）というメソッドが、一番手っ取り早い方法だといえます。

僕がYouTubeの動画制作をはじめた頃、ネタは海外の人気YouTuberのマネをしたものが多数ありました。これは再生数を稼ぐだけではなく動画制作のノウハウを学ぶ、手っ取り早い方法なのです。

「人のマネをするのはよくない」という人がいますが、成功した人のやり方を否定するのはナンセンスです。職人の世界でも最初の作業はマネることからはじまります。**マネから入って、弟子が師匠以上のスキルを身につけることも普通にあるのです。**

そもそもマネをしても違う人間がやっていることですから、同じ結果になるとはいい切れません。営業の世界では、トークをマネたとしても、同じ喋りができるはずがないからこそ独自の営業法が生まれるのです。当然、完全コピーは不可能です。科学論文をコピペで作ってしまうのとは全然違うのです。

ＹｏｕＴｕｂｅも同様です。動画の場合は二番煎じまでは数字が取れるし、儲かります。たとえば先輩ＹｏｕＴｕｂｅｒのヒカキンさんの動画を徹底的にマネしたら、おそらくけっこうな数字が稼げてしまう。そして、マネることによってヒカキンさんが持つ多くのスキルを体得できることでしょう。

実際にマネるのは難しいので、思い切って聞くという方法もあります。もし、あなたが営業職であれば、素晴らしい成績を挙げている先輩にどうやって契約を取るのか、教えを乞うてみましょう。きっと意外なヒントや方法論を、教えてくれるはずです。また、あなたが事務職であれば、どうやったらスムーズに書類を処理したり管理できたりするのか。４時間の仕事を２時間で片付けられるのは、どうしてなのか。そうした先輩たちが独自に持っているノウハウを直接聞いてみましょう。

マネができない職種はありません。

たとえば斬新な発想や、他人とはまったく違うコンセプトが必要とされる芸術家。まるでひとつのことを突き詰めて、決められた方向に精度を高めていく職人とは正反対のところにいるようにも思えます。

しかし、芸術家も基本は先人の絵画の模写や、立体や人物のデッサンの練習からはじめます。あの前衛的な絵を描くピカソに対して、「意味が分からない絵だな」という人がいますが、実はピカソのデッサンは天才級にうまいのです。基本である模写もデッサンもマネの一種であることはいうまでもありません。

サラリーマンがビジネス書やＨｏｗ ｔｏ本を読むのも、無意識のうちにマネの対象を探しているわけです。そこに書かれているやり方に、読者の知識や経験が加わると、だんだん自分のオリジナルが出来上がるのです。自己啓発書やスポーツ選手の自伝を読むのも一緒です。

あなたも、まずは会社で一番数字を取っている人、スキルを持っている人のマネからはじめてみませんか。そのマネの対象が尊敬できる人物だったら、なおよしです。ライフスタイルまでマネしてみましょう。僕が営業マンだった時代も、カッコよくて尊敬できる先輩がいて、彼のマネばかりしていました。その時のスキル習得はかなり早かったと思います。今でも僕はその時の先輩のように、いつもカッコよくありたいと思っています。

マネができたら、さらにどういう風にすればもっとうまくいくのか、先輩ならこうやるだろうけれど僕はここをプラスしようなどと、工夫を凝らすことも大事です。真剣に取り組めば、最終着地点では自分のオリジナルになっているかもしれません。

そうなれば、あなたの成功は目に見えています。先人のいいとこ取りした進化系スキルを持っているのですから。

入社歴の浅い社会人が、仕事を覚えたりスキルの精度を高めたりするには、マネをすることこそが成功への近道です。

逆にヘッドハンティングされる中堅社員などは、もともと自分で作ったオリジナルの方法論、営業論があるので人のマネはしないわけです。マネではない新しい方法を欲する会社からヘッドハンティングされるわけですから。

ただし誰をマネるかは目利きが必要となります。本当にできる人を選ばないと、できる風に見えるだけで中身のない痛いやつになりかねません。

POINT

身近な成功者をマネるというメソッドが成功への近道となる

Ⅵ

ちょっとのプラスで行動してしまうことは逆に損得勘定とはいわない

タイムマネージメントによって空き時間を作っても、あらゆる会合に参加してできる限りの人と会食しようなんて不可能な話です。オーバーブッキングで自分を鍛えるのは大事ですが、自分の体はたったひとつだけですから、どこかで仕事を整理して、予定を断り捨てるための見極めも重要になってきます。

しかしそれを判断するには、まず自分の目標や着地点がはっきりしていないといけません。たとえば営業で成功したいとか、絶対に出世したいとか、高級タワーマンションに住みたいとか、でもいいのです。

最初に自分の目標がしっかりしていると、それが基準になります。

嫌な言い方になってしまいますが、僕の場合は物事の判断の裏側には必ず「損得勘定」があります。

僕は、損得勘定ができる人間は、自分がどこに行きたいのかがしっかり分かっている人だと思っています。 最終目標への最短距離、正しい方向へと導いてくれる仕事、もしくは人間、それらを見極めることを損得勘定と呼ぶのではないでしょうか。

何の目標も夢もなく、仕事に従事している人は少なくありません。単純に「この仕事をやりたい」「この企業に就職したい」という、ただそれだけの人は多いのです。

このような人々は、入社時に目標を達成していることになります。そんな考えで働き続けても、自分の将来的な着地点は分からないでしょう。それでは損得勘定は必要ないし、それに、仕事だってつまらないのではないのでしょうか。

特殊な分野の研究者であれば、こういう製品を開発したいとか新技術を研究したいとか、次々に目標が出てくるのでしょうが、普通のサラリーマンではそこまで継続的な考えを持つ人は多くありません。特にエリートの多い大企業の場合、大抵は会社に入るところで目標が達成されてしまっているのです。**年収が高ければ目標がなくても安穏と暮らせてしまうので、一生ヒラ社員を望んでいる人もいるくらいです。**

ただ、その先を考えておかないと、いつ何時、牙城が崩れるか分からないのが現代です。成績優秀なエリートとして入社しても、急な倒産やリストラはあり得ない話ではありません。

目標を持っていないと何か不測の事態が起こった時にあまりにも無防備です。キャリアアップやステップアップは自己防衛でもあるので、常に目標を掲げたほうが自衛策にもなるのではないでしょうか。

ちなみに目標は、大好きな沖縄勤務や北海道勤務になりたいとか、中期的な目標でも構いません。簡単に異動ができない会社であれば、人事部の人と仲良くするのが最短ルートだったりもします。

目標のある人を「がっついている」と批判するのは、自己分析も目標もないぼやっとした無防備な人間です。

こうしたことはサラリーマンだけではなく、たとえば音楽活動をやっている人にも当てはまります。音楽業界で成功したいなら、たとえ嫌なやつでもその界隈で知られた人と飲みに行くのは、自分にとってプラスになるという判断を下すと思います。どんな人間であっても、こうした損得の基準を持っているはずなのです。

僕は営業マン時代、会社の役員の方にとても可愛がってもらっていて、食事に連れていってもらうこともたびたびありました。同僚などには「よく飯なんか行くなぁ」と揶揄されましたが、僕にはその意味が分かりませんでした。役員は先に成功した先輩ですから自分をよい方向に導いてくれる存在です。上の人間に媚びを売るといわれたらそうですが、仲良くなっておくのは全然悪いことじゃありません。

でも、僕は誰とでも一緒にご飯を食べるわけじゃありません。芸能人に会食を誘われても、断ったりスルーしたりすることはよくあります。

POINT

損得勘定ができるのは、自分がどこに行きたいのか分かっている人

なぜなら、僕には相手を利用してやろうという気持ちは一切ないし、芸能人と友達になりたいという承認欲求もないからです。もちろん、会食に行ってもマイナスではないのですが、**せいぜい周囲に軽い自慢話ができる程度であり、そこに大きなプラスはありません。わざわざ時間を使って少しプラスになるくらいなら、行かないほうが得です。**

ただ、20代の人間が今の僕と同じように冷静すぎるマインドだと、つまらない人生になるような気もします。こうした判断は年齢によっても変わってくるのかもしれません。人生経験を積むにつれ、損得を見極める感覚も研ぎ澄まされていくのでしょう。どこで仕事を整理して斬り捨てるか。それを見極めるために、まずは自己分析を行って、自分の進む方向を確認しておきましょう。

僕のカレンダーには
13月が存在するのです

時には徹夜をしたり
自分の知識や能力を超えた
仕事をこなしたりして、
徹底的に自分に負荷をかける。
そうすることでスキルが上がり、
スピードも増していきます

知識や感性のインプットは
どんな職業でも大事です。
インプットがなければ
アウトプットもできません

興味のあることが
多いというのは、
僕は決して悪いことでは
ないと思っています

僕が営業マンだった時代も、
カッコよくて尊敬できる先輩がいて、
彼のマネばかりしていました

僕には相手を利用してやろう
という気持ちは一切ないし、
芸能人と友達になりたい
という承認欲求もない

第3章

機動力を高めるには仕事のスキマ時間を有効に使え！

想定よりも早く仕事が終わったり、
急に予定に穴が空いたりして、
スキマ時間ができるとします。
僕だったらこの時間を
ムダなく使い倒します

I 常識に縛られていたら優等生にはなれても成功者にはなれない

「これって常識ですよね?」と、いわれたことはありませんか? ビジネスシーンでも、学校でも、家庭の中でも、日本は至る所で「常識」がはびこっています。国全体が、常識で動いているといっても過言ではないくらいです。

しかし困るのは、これらの常識がそれぞれの場所で違うということ。会社と学校と家では常識が違います。しかも各会社、各学校、各家によっても違ったりします。

僕が営業マンからYouTuberに転身した初期の頃、メディアや広告関連の業界の人と会って驚いたことがあります。みんなオシャレで髭なんかを生やして、服装はカジュアルなジーパン姿。これは一般社会の常識とは違うし、元サラリーマンの僕から見たら、彼らの恰好は非礼極まりないです。しかも業界の人は、会議中にメールやLINEを見たりする。「こんなことってあり得るのか」と衝撃だったのですが、**どの業界であっても常識のギャップを感じた時というのは、そういう驚きを受けるのだと思います。**

常識は時代によっても大きく変わります。

たとえばLINEです。かつて学校ではいじめの温床になるという理由で、LINEの使用を厳禁していた時代があります。ところが近年では、学校からの通知やPTA

への連絡にＬＩＮＥを使うのは当たり前になってきました。

一方、会社では情報セキュリティの観点から、携帯電話での仕事用のＬＩＮＥを禁止しているところがありますが、反対に社内でＬＩＮＥグループを組み、最新の情報を共有するのが当たり前の会社もあります。職種によって常識はさまざまなのです。

僕はというと、打ち合わせのツールとしてＬＩＮＥを使います。

リアルタイムで連絡を取り合えるのが強みなのですが、ビジネスにおいて同じような考え方をする人も増えてきていて、ＬＩＮＥの連絡だけで、相手と1回も顔を合わせないで進む仕事もあります。顔合わせをしたとしても「よろしく、お願いします。企画投げます」くらいの挨拶で終わってしまう場合も少なくありません。**今、あなたが読んでいる本書の制作も、最初の打ち合わせでライングループを作るところからはじまりました。細かい連絡はすべてＬＩＮＥ上で行っているのです。**

しかし、ＬＩＮＥだけで打ち合わせを行う業種はまだまだ少ないと思います。

僕たちが従来のビジネスとはかけ離れた常識で動けるのは、自分が依頼を受けている強い立場だからです。広告案件なども、連絡が来た依頼をさばいているだけで、こちらから営業をかけたものではありません。社長で演者の僕が、直接一般企業と商談をするのも常識外れ。間にマネージャーを挟むと、それだけで時間がかかり非効率なので、ダイレクトに話を進めているというのは、すでに触れています。

ビジネスの常識のギャップは自然に解消されるものではなく、僕の場合のように能動的に動くことで埋まっていくのだと思います。

それでも未だにドキドキするのが会食です。いろいろな業界の社長と、ご一緒させていただくのですが、当然、最初は食事中にスマホは見ません。でも、「仕事でLINEを見なければばならないこともあるんですよ」という話を、相手にアピールしていくうちに、堂々とLINEを見られるようになります。

仕事上でLINEを確認するのは必要なことですが、まだまだ古い常識にとらわれている職種は多いし、現在はまだ転換期だとも思います。**ただ、古い常識に縛られすぎると、業界全体が時代に対応できないポンコツになってしまうと思います。**

また、伝えたいことが文章にしにくい時は電話も使います。つまり、LINEで工数がかかる場合は電話になるのです。その比率は9対1ほど。ただ、旧来のビジネスツールである電話は手軽ですが、エビデンスが残らないという欠点があります。

どんな職種でも連絡上のエビデンスは最重要項目ですから、それを省略すると危険だということも忘れてはいけません。

第2章でも書いた、TV業界の収録日の異様に早い集合時間の話も同じです。そんな常識を不思議に思わない体質と、近年のTV業界の視聴率の伸び悩みは、決して無関係だとは思えません。

一般社会では学校の変な校則が話題になっています。その学校だけの常識に固執すると、視野の狭い子どもが育ってしまうような気がしてしまいます。

今日から無理やり革新的な態度を取る必要はありませんが、旧態依然とした常識や既成概念に縛られていると、それだけで余計な工数を増やしてしまい、成功へは遠回りになってしまうし、プラスなことはひとつもありません。

LINEを例に挙げましたが、そもそも常識は絶対的ルールではないし、特にビジネスで勝つためにはみんなと同じやり方では勝てないと思います。

POINT

そもそも常識は絶対的ルールなんかではない

II

時間を奪う原因は必ずある。そいつらを見つけて一つひとつ潰していけば時間は作れる

重要な仕事に取り掛かる前には、先に時間を確保するのが大事です。1日は24時間しかありません。誰もその中でしか仕事をできないし、行動も取れないのです。**「時間はある時にやろう」という言葉は、自分をごまかしている言い訳でしかありません。**24時間の限られた時間を効率的に使うとしたら、2つの方法が挙げられます。ひとつは、本書でも前述した睡眠やプライベートの時間を削ること。もうひとつは、時間を浪費してしまう原因を見つけ、徹底的に是正することです。

たとえば、YouTubeでのラファエルは、パーカと仮面が定番です。このスタイルは、工数を減らすためのアイデアです。

サラリーマンとYouTuberを掛け持ちしていた頃は、動画撮影の時間を取ることが至難の業でした。自宅に帰ってから着替えて、身だしなみを整え、メイクもするという工数は絶対的に削らなければならない要素でした。

僕が基本的に目指しているのは室内での動画撮影です。ですから普段着を表現するようなパーカをチョイスしました。マスクは、名古屋で法人営業を担当する東証一部上場企業の会社員だった僕の正体だけでなく、メイクや身だしなみを隠すのに最適なアイテムでした。**マスクやラフなパーカというシンプルなスタイルのキャラクター作**

りは、撮影時間を短縮するための苦肉の策として考えられたのです。

この狙いは当たって工数はぐっと少なくなりました。

時間効率をよくする方法では、食事も時間確保の対象です。

僕の昼食はコンビニ飯やＵｂｅｒ Ｅａｔｓなどの出前がほとんど。時々、決まったお店に外食に出掛けたりもしますが、料理が出てくるまでの時間がもったいないので、先に電話で予約して作っておいてもらいます。冷めていても全然構いません。

ですからフランス料理などのコースは時間がかかるので好きじゃありません。おいしいとか、おいしくないという問題ではなく、僕からしたら、時間をかけてコース料理をひとつずつ持ってくるなんて耐え難いのです。レストランに行っても、お店側には「料理を早めに持ってきて」といってしまいます。でも女性と食事をすると、食べるペースがどんどん合わなくなってしまうのが、僕の欠点かもしれません。

同じような理由で、僕はブランドものの買いものも好きではないです。何か買いに行っても、商品を渡されるまで時間がかかりすぎますし、そんなに包まなくていいから、そのまま渡してくれよと叫びたくなってしまいます。まぁ、これらは時間効率というよりも、性格に余裕がないのかもしれませんが。

これは余談ですが、僕は基本的に早歩きですし、カップラーメンを食べる時は3分間待った試しがありません。また、食事をするにしても、長蛇の列をなしている人気店に行くぐらいなら、絶対にすぐ案内してもらえるガラガラな店に行きます。これらも時間がもったいないからしてしまう行為です。

また、**僕の仕事場兼自宅は、室内がきちんと整理されていてものがありません。これも時間効率化の意図があって、頭の中も整理できるし、何がどこにあるかを把握しておけば必要なものがすぐに出てくるという理由からです。**

現在、住んでいる部屋には、使うものしか置いていないので「思い出の品」なんてものは一切ありません。ムダなスペースを取られるのも嫌だし、何より部屋が汚れないから掃除も簡単に済みます。

いらないと思ったものはすぐに捨てます。動画の企画で使ったものも迷うことなく捨ててしまいます。YouTuberの中には倉庫を借りて保存している人もいますが、僕は10万円以下のものなら問答無用でポイッです。再度撮影で使う場合は、もう一度買えばいいだけです。

YouTubeでは、人の部屋にやってきてノリで「これもらっていいですか?」なんてネタがあるけれど、残念ながら僕の部屋には最初からあげるものがありません。
僕は仕事の工数を少なくするために、直接、自分自身で作業をすることが多いのですが、それ以外は自分が関わることを少なくしています。マネージャーが2人いるのも、できる限りほかの仕事で自分の手を煩わせないためです。
これは24時間をうまく使い、時間を奪う原因を排除するため、お金で時間を買っている状況といえるでしょう。

自分の身の回りに、時間を奪う原因はありませんか。それはきっと、あまり気にしていない普段の生活に潜んでいるはずです。見つけたら少しずつでいいので、それを是正してみましょう。

1日24時間しかない中で時間を確保することは、実は現代人にとって一番難しいことだということを覚えておくべきです。

POINT

時間を浪費してしまう原因を見つけ、徹底的に是正する

III

ダラダラと過ごすくらいなら休憩時間なんていらない

仕事や作業を進める時、適度な休憩を入れると効率が上がる……といわれています。ところがYouTuberの僕は、仕事の最中に休憩をしたことがありません。YouTuberは、サラリーマンのような雇用システムの中での仕事ではないので、休憩の取り方は社会の一般常識には当てはまらないのかもしれません。

僕は休憩を入れない仕事の進め方は、作業の中身がより濃厚になり、プラスが多いと思っています。とはいえ、僕の会社では、就業時間は6時間以上8時間以下、労働基準法内で行っていてタイムカードで管理もしています。

それでは、かつての営業マン時代はどうだったでしょうか。**たとえば昼食は、コンビニ弁当で済ませて、そのあとはしばらく車の中で寝ていました。言い訳ではありませんが、これはサボっているんじゃなくて、休憩というメンタルケアの一環だったと思っています。**僕のやっていた仕事は、営業の数字を出せば終わるものでした。ですから、月初めに優秀な成績を出せば、後半が楽になってくる。僕は常に先に数字を取っていましたが、月の後半に、続けて青天井状態で成績を上げていくマインドはありませんでした。よい数字を出すには、大きなプレッシャーを伴っていたので、メンタルケアが必要だったのです。ただし、もし目標の数字が達成できなかったら、一切、休まなかったのはいうまでもありません。

このメンタルケアをどういう形でするのかが、ビジネスマンの分かれ目ではないでしょうか。営業マン時代は外回りでしたので、自分の置かれた環境が限定されていました。それで車中で寝るしかなかったのです。

反対に今の僕はメンタルケアをする必要がないのです。

そもそもYouTubeの仕事はスケジュールがパンパンに詰まっているので、休憩をするヒマがありません。もしも休もうとしたら、撮影スケジュールをリスケして計画全体を変更しないといけなくなってしまいます。

でも感覚的には、移動時間やほかのいろいろな仕事に携わることが気分転換になっているようです。

最近、受験勉強法などで、「数学」といった理系の学習のあとにはダラダラした休憩を入れるのではなく、脳の違う部分を使う文系の「社会」や「国語」をやると、頭が休まるという大脳生理学の話を聞きました。

僕が休憩をしないで済んでいるのも同じ理屈かもしれません。

それ以外に休めないのは、動画の再生数が自分の目標に達していないから、との理由もあります。営業マン的にいえば、今は満足のいく数字を出していないので、休憩を取るような状況ではないというのが本音です。YouTuberの中でも、誰が見ても凄い再生数を取っているのは、ほんの何組かです。とはいえ、数字を達成したらプレッシャーがより強くなってしまうから、改めて別のメンタルケアが必要になるかもしれません。

もし普通のサラリーマンが気分転換をしたいのであれば、ダラダラと休憩するのではなく、早く仕事を終わらせて切り上げてしまうのが効率的ではないでしょうか。

僕が営業マンの時代には、世間的にサービス残業が問題視されていました。

その時、会社を挙げて時間内にどう仕事を終わらせたらいいのかを考えました。するとダラダラしていた時間をカットして効率化することで、残業をせずにいつもと同じ仕事量をこなせることが分かったのです。

当然、今までは何をやっていたんだという話にもなるのですが、効率を上げるのは、そういう基本的なことの見直しからはじまります。ダラダラした時間がなくなるから残業がなくなるのか、残業がなくなるからダラダラ休憩がなくなるのか。もちろん、さらなるスキルアップを狙っている営業マンは、それでも残業はしますけれど。

最近、「働き方改革」が話題ですが、僕はこれには賛成です。時間の使い方を工夫

して仕事を効率化させたら、ダラダラ休憩や残業はやらなくて済むはずなのです。

イスラエルでは、厳格なユダヤ教徒は金曜日の日没以降は、機械の操作や火を扱うことができないそうです。つまり金曜日の日没から、月曜の朝まで仕事をしないのです。公共交通機関はすべて運休するうえ、国営航空会社も運航を停止します。でもそれまでに、効率的に仕事を終わらせるので、まったく支障はないそうです。イスラエルは経済が遅れていると考えている人は誰もいません。むしろその逆です。

日本でも効率的に仕事をやろうと思えば必ずできるはずです。

僕は休憩が全面的にダメだとは思っていません。しかし、ダラダラと時間を過ごすことを休憩とは呼びたくないし、それが仕事の効率を上げているというのは大間違いだとも思います。

それよりも、効率的に時間を使うことを考えたほうがプラスになるのです。

POINT

ダラダラと時間を過ごすことを休憩とは呼ばない

IV

仕事に制限時間を設けて
その中で検証と評価をし、
改めて自分の能力を
把握する

僕は基本的に制限された時間の中で動いています。制限時間を設けると、作業のペースが乱れず仕事のクオリティを上げられるためです。

僕の制限時間は、作業それぞれに1時間を割り当てるというザックリしたもの。ただし突発的な緊急事態が起きることも想定しているので、スケジュールにガチガチに縛られないようにしています。制限時間を設けるとプレッシャーで作業の質が落ちるという説もありますが、僕の場合は、どれもルーティン化されているので、ストレスを感じることなくシステマティックに行動できています。

たとえば仕事の打ち合わせは基本的に1時間。ＴＶやＣＭ、雑誌の打ち合わせや取材も同様に1時間です。

2週間に1回の企画会議は、僕とマネージャー2名、構成作家らが参加して1〜2時間やります。企画は15〜20本くらいを決め、ストックは常時30本ほど。それに合わせマネージャーがスケジュールを作って、翌日には全員で共有します。

企画は、時期やタイミング、ネタの強弱によって、すぐにできるものとできないものがあり、**優先順位は時流によっても入れ替わりますが、撮影予定は3週間から1カ月先くらいまで入れます。**

撮影も1回につき1時間です。撮影の準備、事前の打ち合わせもこの中でやります。ロケなら移動も含めてトータル2時間でしょうか。現場で挨拶をして、立ち話で打ち合わせをしても撮影は1本30〜40分ほどです。

コンサルタントの仕事は、先方で1時間の会議に出るという契約です。

会食は仕事が終わってからなので特に時間は決めていませんが、あまり長時間はやりません。

地方の広告案件の仕事の場合は、クライアントには必ず「夜は気を使わないでください」と念を押します。結局、先方からぜひというお声が掛かって、会食に行くことになるのですが、そもそも僕には打ち上げをする文化がないし、制限をしないと飲み会が毎日続く危険もあります。僕らは普通に仕事としてやっているので、連日の打ち上げなんて考えられないのです。

おそらく、ここまで制限時間を定めて動いているYouTuberはいないと思います。そもそも10時から20時という就業規則を作っていること自体、珍しいはずです。

僕は、奔放なYouTuberっぽいところと、堅い一般社会人とのハイブリッドみたいな存在なのです。

こうしたライフサイクルに、いろいろと設定されている制限時間は、僕の中ではプラスに働いていると思っています。

脳科学の分野だと、制限時間は集中力を高め、達成することで得られる快感が脳への刺激になるので有効という意見があるからです。

一方で、発生するプレッシャーが非常に大きく、悪影響を受けると生産性も低くなってしまうそうです。

この制限の中でスキルを発揮するにはいろいろな方法があります。

やるべき仕事を分析して、小さなタスクに分割していくのは有効な手法です。小さな作業は達成感も容易に得られ、ストレスも軽減できます。

また時間に追われると、終わりが見えない大きな仕事は後回しにしてしまいがちです。仕事において、スタート時間を決められないのは致命的ですから気をつけなければいけません。

定まった時間でタスクをこなすには、あらかじめ仕事に優先順位をつけておくのも重要なことです。

優先されるのは、締め切りが決まっているものだけでなく、重要かどうかもポイン

POINT

制限時間は仕事をよりよくするために自分で決めるもの

トです。「緊急で重要」「緊急ではないが重要」「緊急だが重要ではない」「緊急でも重要でもない」の4つに分類してみると、おのずと優先順位は見えてきます。

ほかにも制限時間を定めて仕事をこなすには、はじめてやる作業にはどれくらい時間がかかったかを必ず計測して、今後のタイムマネージメントの精度を上げるデータも収集しておくといいでしょう。

ただし、制限時間内で完璧な仕事を目指すのは簡単ではありません。**最初から完璧さを求めるのではなく、とりあえず集中して動いてみるのがベストです。動いてみてはじめてルーティンが出来上がることもあるのです。**

制限時間は仕事をよりよくするために自分で決めるものですから、それに振り回されるのではなく、うまい具合にコントロールしていくことが大切です。

V

移動時間はムダだけれど、削れないのであれば活かす方法を考えよう

日本のビジネス環境は大都市集中型ですから、ベッドタウンから1時間や2時間の通勤時間をかけて出勤するのが当たり前になっています。

しかし、**車や電車に乗っているだけの移動ほどムダな時間はありません。「移動時間のムダ」をどうやって省いていくかは、これからのビジネスシーンの課題になっていくと思います。**

移動というのは時間に束縛されることでもあるので、通勤や仕事上の移動時間はなるべくかけたくありません。

YouTubeの仕事をはじめた頃、サラリーマンだった僕は名古屋に住んでいました。そして週末になると上京し、打ち合わせや商談をまとめ、また撮影もして、名古屋に帰る生活をしていました。2016年頃の話です。

しかし、この二重生活の移動時間はあまりにもムダでした。ようやく営業職の会社を退社して、専業のYouTuberとして活動をスタートさせる段取りになって、最初に考えたのが東京に拠点を移すことです。東京は地方都市よりも仕事をお金にするスピードが圧倒的に速いので、きちんと仕事にしようと思ったら東京を拠点にすることが必要不可欠です。引っ越すだけで工数がいくつも減って仕事の効率化ができるのです。

同じことを自分に置き換えてみてください。あなたは月間、何時間働いていますか。その数字で自分の給料を割ってみてください。それがあなたの時給です。あなたが通勤の移動時間に1日2時間かけているのなら、「月給÷（労働時間＋通勤時間）」で、毎月、どれだけの時間をムダにしているかが分かるはずです。

もちろん、職住近接の考え方を採用するなら、東京のど真ん中に住まなければ意味がありません。

ただし、都心は家賃が高いのは誰でも知っているでしょうし、ひとり暮らしならまだしも、家族がいれば生活の利便性まで考えなければなりません。

下手に職場と自宅が近いとサービス残業をさせられて、こき使われるのがオチになったりします。 こうなると自分の自由な時間はゼロになってしまいますし、転職をしたら、そのたびに住む場所を変えなければならなくなるかもしれません。果たして、一般のサラリーマンにとってそんな職住近接は現実的なのでしょうか。

僕は東京のオフィス街の近くに住んでいますが、ロケを行うと移動時間が発生してしまいます。この時間だけはどうにもなりません。

たとえば動画撮影でロケを行う場合、撮影場所までの移動に2時間かかるのなら、

その企画そのものをやめてしまいます。移動が2時間以上の往復、収録1～2時間だと、合わせて6時間ですから、丸1日潰れてしまいます。それで動画が1本しか作れないとすれば、再生数に見合う収益は得られないからです。

これまでのロケで一番遠いところに行ったのが熱海でした。距離は遠いですが、新幹線を使えば移動時間は1時間。それより遠い場所はコストパフォーマンスを考えると、あまり行きたくはありません。

では、僕はそんな移動の時間をどんな風に使っているでしょうか。

僕の普段の重要な仕事として、自分でアップした動画や、関連の動画をチェックする作業があります。これはどんなに早回しにして再生しても一定時間を取られるので、見なければいけない動画が溜まってしまいがちになります。**そんな時、移動時間はちょうどいい動画確認タイムになったりします。**

また最近、知人に教わったアプリがあります。それは読みたい本を要約して、かつ短い時間で朗読してくれるものです。僕はかなり読書をするほうですが、それでもどんどん読みたい本が溜まっていきます。しかし、このアプリを使うようになって、かなりの本が消化できました。これはメチャメチャ便利なアプリです。

移動を効率的に仕事や勉強に充てられるようになれば、ムダな時間も決して無意味ではなくなります。

近年、大都市圏集中型のビジネス事情の行き詰まりが見え、盛んにテレワークや地方分散型の事業が叫ばれるようになってきました。しかし、来年から就業形態がガラリと変わる！　なんてことは絶対にあり得ないでしょう。だったら移動時間をできる限り有効に使って、自分なりに何ができるかを模索してみませんか。

移動時間はある意味、未開発の金鉱である可能性を秘めています。

もちろん、疲れているならグーグー寝るのも構わないし、気分転換にゲームに興じるのもよいでしょう。でも、自分の時給が分かってみれば、ムダな通勤時間を、もっとムダに使ってしまうのは得策ではないと思います。

POINT

移動時間はある意味、未開発の金鉱である

VI

悩んで、恐れて、何もしないのが一番の損だ

社会人になっても人の悩みは尽きません。いや、世の中のさまざまな難問に直面する社会人だからこそ、悩みは増えていくのかもしれません。雑誌やネットでも、未だにお悩み相談は人気コーナーですし、占いがすたれないのも、社会人の悩みがなくならないからなのでしょう。

逆にこうした悩みがない人は、いろいろな心理学の本を読んでみると、①基本的に適当な性格　②悩みを話のネタにしてプラスにしてしまう　③ほかの人と比較する気がない　④楽しいことばかり考えている　⑤悩んでいる時間がもったいない　⑥「成功の反対は失敗ではなく、何もしないこと」というポリシーを持っている——という6つの特徴を持っているらしいです。

実は僕もまったく悩みを持たない人間です。もし悩みが発生しても、その度合いはコンビニで、どのガムを買おうかなと思う程度。

そんな悩まない性格の僕は、心理学の本だと⑤と⑥が当てはまります。

実際に人の悩みを聞くと、もちろん本人にはいえませんが、実は大した内容じゃないことがほとんどです。僕はよく女性に恋愛相談をされるのですが、大抵の場合、大した話ではないので途中で答えが見えてきます。

「あぁ本人は、こういってほしいだけなんだな」と、途中で分かってしまっても、それから1時間も話を聞かされたりします。これはメチャつらいんですが、でも相手にとっては、しゃべらないと気が済まないのです。悩み相談というのは、自分の問題を整理することに意味があるものかもしれないですが……、聞いているほうはやや迷惑です。

仕事の悩みも同じです。

若手の社会人の悩みを聞く機会もありますが、実は大した悩みではないことが少なくありません。**仕事上、どんなに恥ずかしいミスをしても、意外と周りは誰も気にしていなかったりします。**

悩んでいる新人もミスをしたからではなくて、自分の見られ方を一番気にしているから悩んでしまうのです。

そもそも仕事の悩みなんて別に死ぬわけじゃないから、どうでもいいじゃないかというのが、僕の基本的なスタンスです。最初からそういう考え方に振り切っていれば、何も悩むことはありません。

でも若い人の言い分も分かるつもりです。僕が営業マンの時も、上司の顔色を窺ってミスをしないようにしていたことがありました。でも今のような考え方で仕事ができていたら、1.5倍は契約が取れたのではないでしょうか。もっとメチャクチャに取り組めばよかったと思いますが、その時はサラリーマン歴も浅かったのでできなかったのです。

現実的にはミスしたら降格や左遷、減給があるじゃないかという人もいますが、ほとんどの場合、そんな処分が下されるのは、よほど会社にダメージを与えた場合です。証券会社の損失や財務省で税金を何百億円も失ったというレベルの話で、通常の営業職や事務職では、そんなペナルティはあり得ません。

以前、対談したアース製薬の社長さんが「若い人のミスくらいで会社は潰れないのだから、どんどんチャレンジしてミスしてほしい」と仰っていました。この言葉はビジネスマンの悩みを吹き飛ばす、凄いヒントになると思います。

「ミスしたらダメ」というルールに縛られると、行動が消極的になるし、パフォーマンスが最大限に発揮できません。たとえミスをしても、積極的に行動したほうが会社全体では実績が上がるのです。社員何千人がそう思って動いたら、もの凄い実績を作れるはず。

当然、法律違反はいけませんが、会社のちょっとしたコンプライアンス違反程度だったら、結果次第で咎められることはないと思います。

あれこれ悩むより行動するのが大事です。

僕はこれまで成功できる仕事を優先させてきましたが、それにある程度の目途がついたので、念願だったＥＤＭの楽曲制作やＤＪの仕事を本気でやりはじめたところです。仕事には違いないのですが、「やらなければならないこと」ではなく「やりたかったこと」なので、かなり趣味に近い活動です。

この忙しい時期に、新しいことをスタートさせるのは無謀かもしれません。でも、もしも失敗したら？　なんて、悩んでいるヒマはありません。「成功の反対は失敗ではなく、何もしないこと」というわけです。

失敗したらではなく、どう前進するかを考えるのが最優先。そして進みながら、やり方の改善も考える。悩んでいるのは、何も生まないムダな時間を作るのと同じなのです。

POINT

ミスを恐れず積極的に動くほうが、会社全体では実績が上がる

ビジネスで勝つためには
みんなと同じやり方では
勝てないと思う

コース料理はおいしいとか、
おいしくないという問題ではなく、
時間をかけて料理をひとつずつ
持ってくるなんて、
僕からしたら考えられない

感覚的には、
移動時間やほかの
いろいろな仕事に
携わることが
気分転換になっている

おそらく、
ここまで制限時間を定めて
動いているYouTuberは
僕以外にいないと思う

あなたは月間、
移動時間を含めて
何時間働いていますか?
その数字で自分の給料を
割ってみてください

あれこれ悩むより
行動することが大事です

第4章

体を鍛えておくと、心も体もスピーディーになる

「筋トレを行うと脳が活性化する」
という研究結果があるけれど、
確かにジムに行った翌日は、
頭が冴えるし、体も軽い。
ビジネスパーソンならやるべきだ！

I

筋トレをすることで仕事に対する活力が生まれる

僕はキャラ作りのため、ひいては仕事のために体を鍛えています。就業時間のあとジムに通ったり、忙しい時には自宅でもトレーニングをしたりしています。「そんな時間があるのなら体を休めればいいのに」といわれますが、**僕は楽をしたいためにハードなトレーニングをこなしているのです。**

僕は営業マン時代からトレーニングジムに通っていました。その理由は、もちろん健康のためというのもありますが、営業マンとして「カッコよくスーツを着こなせる体型を維持する」というのが主な目的でした。営業をする場合、話し方やテンポ、間の取り方は重要です。しかし、**それよりも大事なのは、よい第一印象を相手に植え付けるための「ルックス」です。**

ビジネス界で引用される「メラビアンの法則」は、人の行動が他人にどのように影響を及ぼすかという考え方なのですが、いくら営業のトーク技術を磨いても、営業先で窓口突破を可能にするには、やはり「見た目」の第一印象が重要視されるというのが僕の導き出した結論です。僕の尊敬していた先輩は、夏でもスーツを脱がず、半そでシャツでは営業には行きませんでした。清潔感のある颯爽としたスタイルで営業をすることで、確かに窓口突破の確率は上がるのです。

そのためスーツが似合うような体型を作ろうとジムに通っていました。

ところが、ここで面白い体験をしました。

ジムには高齢の方も多く通っていたのですが、ある時、マッチョなお爺さんが話をしていたのを偶然に聞いてしまったのです。

そのマッチョなお爺さんは、**「将来、楽ができるようにきついトレーニングをしている」といっていました。**

人間は誰でも老化していきます。たいてい足腰が弱くなって、下手をすると歩けなくなってしまう人も少なくありません。特に女性はもともと筋肉量が少ないので、腰が曲がったり、車いす生活や寝たきりになってしまったりする人も珍しくないのです。

マッチョなお爺さんは毎日大変なトレーニングをしているけれど、**それで体を作っておけば、筋トレしない人よりも将来的に楽に暮らせるというわけです。**

僕は、「！」と思いました。この発想は、当時の僕にはなかったからです。

体を鍛えるということは、スーツを着こなすという目先の利益だけでなく、長期的な利益を得られると気がついたのです。10年先、20年先も活動的、精力的に仕事をしたいのであればトレーニングは不可欠です。

毎日行う地道なトレーニングは、時間もかかるし気が滅入ってきます。でも、それは成功し続けるための近道になるはずです。

僕は「いいな」と思ったものは素直に取り入れます。相手が何歳だろうと関係ありません。**自力でこういうマインドにたどり着くのは大変ですが、たまたま早いうちに、そういう発想の人に出会えたのは幸運だと思います。**

また、そういう発想をもとにトレーニングの概念を構築すると、いろいろなことが見えてきます。長期的に考えれば、肉体面だけではなくメンタル面の気力も大事です。この気力は、トレーニングを通じて体の調整をすると生まれてきます。

体に適切な筋肉をつけていくと全身のバランスが整っていき、骨格のゆがみが矯正されていきます。

すると背筋がピンと伸びてきます。

筋肉がなければ骨格を支える力がありませんから猫背になります。人間は頭部が一番重い生き物ですから、猫背になると頭を支えようとして、ますます背骨に負担がかかり、より背中が曲がってしまいます。猫背は胸部の骨格を縮めるので、極端に肺活量も減ります。すると脳へ供給される酸素量も減り、頭が回らなくなるのです。

この状態が続いてしまうと、自律神経失調症や無気力、ネガティブ思考などに陥って、最悪の場合はうつ病になってしまう人もいると聞きます。

つまり、**筋力の衰えから心の病になってしまう場合があるのです。**

こうした疾病治療の第一歩が、猫背の矯正からはじまるのはよく知られていることです。正しい骨格になれば、肺活量も増え、自然にポジティブ思考になり、気力も増します。そして、精神集中もできるようになって記憶力が向上します。

これは医学でも証明されています。

仕事を成功の方向に向かわせるためには、「短期的」にも「長期的」にも筋肉をつけるトレーニングは絶対に欠かせません。

仕事ができる人は、筋肉があるので体もメンタルも強靭なのです。

POINT

「短期的」にも「長期的」にもトレーニングは欠かせない

II 猫背をやめるだけで自信がついて物事がプラスに働く

いろいろな医療技術の進歩や健康を保つための知識が知れわたり、2007年以降に生まれた人の50%は、100歳まで生きるといわれています。

寿命が延びるに越したことはないですが、だったらぜひ健康で生きたいものです。僕は周りの人間に対して「300歳まで生きるから」と公言しています。

冗談ではなく、その自信はけっこうあります。

トレーニングによって体格がよくなると姿勢がよくなります。すると自然と自信がついていくものなのです。一流の芸能人やスポーツ選手が堂々として自信たっぷりに見えるのは、体を鍛えているゆえに、姿勢がよいからだと思います。

決してマッチョな体型を目指す必要はありません。フィットネス感覚で自分に最適な肉体を目指せばいいのです。

僕はYouTubeのコンサル業務以外にも、知人からいろいろな仕事の相談を受けることがあります。中にはスキルの話だけではなく、もっと根本的な「仕事で即断できない。どうしたらいいのか」なんていう身の上相談みたいなものもあります。

それを僕に聞いてどうするのだ？　と思うこともしばしばですが、そんな人にはある共通点があります。

背筋が丸まっていて控えめな人なのです。

その時の僕のアドバイスはひとつ。毎日、軽くでもいいからトレーニングをして、ストレッチを欠かさず、胸を張りなさいということです。もちろん、こうした矯正がすぐに状況の改善にはつながらないのですが、2~3カ月続けていくと必ず効果が表れるようになります。

何より精神面で大きな変化が出てきます。

僕に相談をしてきた知人は、アドバイスを聞いてから軽い運動をするようになり、4~5カ月後には以前にあったような優柔不断さが消えました。自信が出てきたから失敗をあまり怖がらなくなったわけです。万が一、失敗をしてもリカバリーの方法を考えればよいというポジティブ思考に転換したのです。その知人は端で見ていると性格も快活になり、変な控えめさもなくなった気がします。

こうした例のように、体の健康が精神に大きく影響してくるのは、医学でも証明されている話です。

女の子から恋愛相談もメチャメチャ受けます。「意中の人に告白できないのだけれど、どうしたらいいのか」という古典的な相談も少なくありません。僕が受けた相談の中で印象的だったのは、身長が１７０cmもある子。この子は高身長がコンプレックスだったらしく、いつも背中を丸めて目立たないように立ち振る舞っていました。

その子へのアドバイスも、「軽いトレーニング&ストレッチ&胸を張れ！」です。

背の小さい子が可愛らしいなんて常識は、古すぎてバカバカしいし、大間違いだと思います。コンプレックスに思うこと自体が時間のムダです。

この子も、僕のアドバイスを素直に聞き入れてくれて、体格の改善に取り組んだ結果、骨格が矯正されて背筋も伸び、まるでモデルのようなスタイルと自信を手に入れました。もともとモデル体型ですからファッションにも興味が出てきたようで、以前の地味な印象はすっかり影を潜めてしまいました。

結局、この子はポジティブ思考になり、告白をすることよりも興味の幅を広げ、いろいろなことにチャレンジしながら、新しい自分の生活を楽しんでいるようです。僕からすれば、だったら最初の恋愛相談に割いた時間は何だったのかって話ですが、結果オーライということでしょうか。

体格がよくなるメリットは、筋肉がつくだけではないのです。

万が一、デメリットがあるとすれば、やはりトレーニングに時間が取られてしまうことでしょう。実は、僕はトレーニングが好きなわけではありません。嫌々やっているといっても過言ではないのです。**もしトレーニング代わりになる薬を売っていたら、間違いなく飲んでいます。**

実際、トレーニングが好きという人はあまりいないんじゃないでしょうか。

でも、そこでコツコツと続けられるのは自分なりの目的を見つけるからなのです。僕もトレーニングをしているのは「仕事」という目的があるからです。

逆にいえば、トレーニングがあるからこそ「目的」を忘れずに、地道に頑張れているのです。**むしろ、「目的を忘れない」ということがトレーニングをするうえで大きなメリットになっているのかもしれません。**

ジムに通う、あるいは自宅でトレーニングをするのは、いろいろな意味で絶対的に正しいのです。

POINT

体格をよくすると精神面も強くなるメリットがある

III
ビジネス成功のために僕は朝からステーキを食べている

僕は周囲の誰よりも健康に気を使っています。その甲斐あってか、健康診断ではすべての数値が正常値。もちろん持病もないし、記憶にある限り重い病気にかかったこともありません。

ただ僕の健康への考え方は、かなり世の中の常識とかけ離れていると思います。

たとえば食生活。栄養のバランスを考慮して、毎回、手作りで――なんてことはありません。昼食の7割はコンビニ飯。食事に時間を取られるのが嫌だからです。

「それでは栄養のバランスが取れていないじゃないか」という話になりますが、僕はこれを全部サプリメントで補っています。とにかく大量のサプリです。よく「自然のものを食べないと意味がない」という人もいますが、少なくとも僕は自衛隊の頃からこの生活を続けていて病気知らずですから、効かないなんてことはないと思います。

僕にとってサプリを飲むのは1日のテンションをアップさせる儀式のようなもの。メンタル的にもなくてはならないルーティンなのです。

野菜は付け合わせで出たものは食べますが、それ以外のもので補えるならば、そちらに行ってしまいます。根本的に野菜はほぼ食べません。**限りある胃のスペースを野菜で埋めたくないんです。**

ちゃんと野菜を食べないと肌や美容に悪いとの説もありますが、美容法においても機械やサプリには勝てないと思います。最高の美容を目指すなら、機械や同等の栄養素のサプリに頼るほうが効率的でしょう。もちろん野菜を全否定しているわけではありません。

これは考え方の違いなので、お互いに認め合えばいいと思っています。

また、朝食は圧倒的に肉が多いです。もともと健康のためには、日中に行動するエネルギーを摂取するために、朝に高カロリーの食事を摂取するというセオリーがあります。これは本で読んだのですが、日本の起業家にアンケートを取ると、朝昼晩、肉を食べる率が非常に高いらしいです。

つまり成功した社長はステーキを食べるのです。なぜだかは分かりませんが、メンタル的にも気力が増すのかもしれません。

ですから僕も、朝っぱらからステーキを食べます。成功に近づくために統計学的な数に乗るのは効率的な賭けだと思うからです。

ちなみに、寿司以外の魚は好きじゃありません。サンマはメチャメチャ好きですが、「食べたい！」という欲求が、骨を取る作業の面倒くささに勝てないのです。

その理屈でいうとカニも同じです。「誰かに骨を取ってもらったり、殻をむいてもらったりすればいいじゃないか」という意見が出そうですが、自分で殻をむく面倒な作業をするからカニはおいしく感じられるんだと思います。ただ、おいしいけれど秒で食べられない煩わしさから、結果的に僕はカニを食べないという選択をしてしまうのです。

その点、ステーキであれば切り身の肉を焼くだけなので時間的なコストもかかりませんし、カニのようにゴミとなってしまう殻もありません。そして、体を鍛えている僕にとって筋肉がつくというメリットがあります。

よく筋トレしている人に、「どの肉を食べれば一番筋肉がつきますか？」と聞かれますが、僕は鶏肉でも豚肉でもなく、牛肉だと思っています。また、部位でいうとフィレです。一頭あたりから取れる量が限られているため値段は少々お高いですが、肉質が軟らかいから顎が疲れることがなく、たくさん食べられるのでおすすめです。

POINT

朝からステーキを食べると気力が増す

IV

いくつもの仕事を同時にこなすラファエル流・トレーニングメニュー

いざ、筋肉トレーニングをしようとなると、そのメニューを決めるのは難しいと思います。どんなにトレーニング好きでも、すべてを自分で考えるのは至難の業。僕の場合、ジムではトレーナーの指導を受けています。専門家に教わったほうが効率的で効果的なのです。

もちろん、どんな体を作りたいかでメニューは変わってきます。かつて僕は格闘技をやっていたので、そのための体作りをしていましたが、現在はボディビル系のトレーニングを心掛けています。メニューは人それぞれ違うものですし、僕のトレーニングが参考になるかどうかは分かりませんが、ご紹介したいと思います。

ジムに行く場合は、今日は胸、明日は腕、腹筋、背中、下半身など、部位に分けて鍛えます。トレーニングメニューはこんな感じです。

◎ジムの場合のメニュー

ランニングマシンなどを使ったウォームアップのあと、筋トレメニューの代名詞「ベンチプレス」を行います。大胸筋をメインに、三角筋や上腕三頭筋も鍛えられる上半身の総合トレーニングといえます。肩の筋肉も刺激できます。

○ノーマルベンチプレス

バーベルを肩幅の1・5倍分ほど外側を握る基本的なベンチプレスです。

（70kg×20回を体調によって3〜5セット）

○ナローベンチプレス

ノーマルベンチプレスと比べて、手幅を少し狭く握るベンチプレスです。上腕三頭筋、大胸筋、三角筋はもちろん、広背筋も鍛えられます。

（60kg×20回を体調によって3〜5セット）

○トレーニングマシン

チェストプレスやバタフライマシンなど。その日の体調によって、ベンチプレスを補完する形でトレーニングマシンを使います。

以上のメニューをこなすと胸は数日間パンパンに。次回は別の部位を鍛えようとなるわけです。

これらに加え、インターバル中に「腹筋運動」をしたり、「サンドバッグ」を叩いたりします。トレーニング間の休憩はほとんど入れません。これは僕独特のやり方ですが、自衛隊時代に教わったトレーニング方法です。

また、「ランニングマシン」でのランニングは、ウォームアップのほか、傾斜11度、早歩きほどのスピードで行います。ボディービルディングでも行う方法ですが、これが一番脂肪を燃焼させる方法です。

大きなマシンやスペースのない自宅でも、体の部位に分けてトレーニングを行います。工夫次第でハードな内容になることも。メニューはこんな感じです。

◎自宅の場合のメニュー

「ボディウェイト（自重）トレーニング」をメインに行います。これは自分の体の重さを使ったトレーニングですが、正しいやり方を覚えると意外にハードなトレーニングになります。ビギナーでも取り組みやすいという利点もあります。これに加えて、ダンベルなどの小さい器具も使います。

○腕立て伏せ

腕立て伏せというのは腕だけではなく体全身が鍛えられるだけに、僕がもっとも重視している運動です。まず、手幅は肩幅よりほんの少し広めに取ります。足を軽く開き、肩から足首まで一直線の姿勢、きれいなフォームを意識して保ちます。体勢を崩さないように意識して、床に胸がつくギリギリまで体を沈めたら、ゆっくりと元に戻します。スピードを抑えて行うと効果も上がります。

腕立て伏せは、主に胸筋の上部と上腕三頭筋が鍛えられ、肩幅よりも少し外側に両手を置くと胸筋に、腕の幅を狭めると腕に効きます。脚の高さを上げたり、脚の幅を広げたりする、足をもう一方に重ねる、手を重ねるなどのアレンジを加えられます。

(25回を体調によって3～5セット)

これらに加えてインターバル中に「腹筋運動」をしたり、トレーニング用のゴムチューブで全身に負荷をかける「チュービングトレーニング」をしたり、ゆっくりした動作の「ダンベル運動」を行います。

ジムに通う以外は自宅トレーニングになるのですが、3日に一度は体を休ませるのが基本です。もちろん忙しくなると、全然、運動することができない日も出てきますが、そうなると体の変化は一目瞭然になるので、焦ってきたりもします。僕の場合、「トレーニング＝ブランディング」という目標がありますが、継続するためには目標設定はとても大事なことです。

POINT

筋トレをする部位は1日ごとに変えるのが効果的

いくら営業のトーク技術を磨いても、
営業先で窓口突破を可能にするには、
やはり「見た目」の第一印象が
重要視されるというのが
僕の導き出した結論です

僕は周りの人間に対して
「300歳まで生きるから」と
公言しています

おいしいけれど
秒で食べられない煩わしさから、
結果的に僕はカニを食べない

腕立て伏せというのは
腕だけではなく
体全身が鍛えられるだけに、
僕がもっとも
重視している運動です

第5章

1秒でも早く育てる！ラファエル流・マネージメント術

仕事ができるようになるまで、
時間なんてかけていられない。
育つまで待ってなんかいられない。
マネージメントだって「秒」だ！
僕なら「秒」で変えてみせます。

Ⅰ やりたくないことでも やらせれば、人は急成長する

YouTuber「ラファエル」には、経営者というもうひとつの顔があります。僕は、営業、演者、ディレクターといった現場の最前線で売り上げや利益に貢献するプレイヤーだけでなく、**部下の指導や管理職としてのマネージメント業務を兼任する「プレイングマネージャー」だと自負しています。**

もっとも、現在の事務所では新人を採用する予定はありませんし、僕にはマネージャーが2名ついていますが、すでに高いスキルだったので、僕が育てたわけでもありません。今のところ部下の育成をやることはなさそうですが、営業マン時代の経験があるので、若いビジネスマンに対してアドバイスをすることはできます。

社員が一人前になるにはそれなりの時間がかかるものです。ただ、新人教育の効率化を図れば、短時間で成長させるのも決して夢物語ではありません。

僕は本書で「自分ができる仕事をやるべきだ」と書きました。しかし、**就職したばかりの新人というのは、そもそも「自分ができる仕事」が分からないと思います。**だって、いきなり仕事ができる人間なんていないわけですから。そういう時は「やりたくないこと」をやらせればいいのです。社員が仕事を覚えていくのは、その人のスキルにもよりますが、地道に経験を積み重ねていくしかありません。そして、そのスピードを加速するための方法が、やりたくもない面倒くさい作業に取り組んで、最低限必要なスキルを上げることなのです。

僕が営業職に就職した当初は、パソコンなんか触ったこともありませんでした。それこそ「ダブルクリックって何？」というレベルです。その時、先輩に「この資料をパソコンに打ち込んでおいて！」とブ厚い資料の束を渡されたことがありました。

大変な作業だけれど、**パソコン初心者の僕はすぐに「これはスキルがつくな」と考え方を切り替えました。**パソコン操作のスキルは、当然、営業のうえでも重要になってくるからです。ある意味、ポジティブ方向にメンタルを落とし込んだともいえるのですが、「自分のためになる」と考えれば、面倒だと思う仕事もストレスを軽減できます。

要は管理職の人間が、そのことを新人にどう伝えるかです。

難しい理屈やカッコいいセリフは必要ありません。まず、やりたくもない面倒くさい作業を自分でこなす行動で見せたらどうでしょうか。

ただし、上司がどんなに頑張ってみせても実績がなければ部下には響きません。あなた自身が契約本数や実績という数字を叩き出しながら、嫌な仕事を率先してこなしていったら部下は大きく影響されるはずです。

一にも二にも数字ですが、プライベートも大事です。**どんなにカッコいい先輩でも、仕事が終わって軽自動車に乗って帰られたら、誰も憧れを持ちません。**まさかフェラーリに乗れとはいいませんが、後輩や部下が納得するようにライフスタイルにも気を使うべきです。そういう尊敬すべき営業マンの先輩の影響を受けて、今の僕はあります。

自衛隊時代にも影響を受けた先輩がいました。先輩といっても違う部署の上官です。ある時、僕は外出許可をもらって街に出て、とある定食屋さんに入りました。食事を終えて会計をしようとしたとき、お店の人に「お支払い済みですよ」といわれたのです。先に同じ店で食べていた上官が1万円で支払いをしてくれていたのです。しかもお釣りは僕にくれるようにことづけてありました。僕は上官にお礼をいおうと、あとを追いました。その時、かえってきた言葉は「入隊して間もないから、金もないだろう。それで遊んでこい」というものでした。そして「いつか部下ができたら、同じようにしてあげてくれ」とも。僕が部下や後輩に対して、自分の行動で見せることが大事だと思うようになったのは、これが原体験となっています。

こんな経験をしたら上司の姿勢を見習いたくなるものです。

本書では、新人が仕事を覚えるためにはマネをすることが近道だと書きました。ただ、マネばかりでは個性が消えてしまいます。

新人にビジネスのＨｏｗ ｔｏを伝授してマネをさせたら、今度は個性を引き出してやるべきです。自分の経験では、営業のロールプレイングをしてもらったのが効果的でした。**シチュエーションを決めて芝居で演習を行うと、自分の営業方法を見直すことができて新しいアイデアも浮かびます。**

もし部下がなかなか進歩しなくても、何かミスをしても怒る必要はありません。僕は絶対に怒りません。非効率的だからです。仮に、思考停止に陥ってしまうほど怒りたくなったとしても、もう一度、自分のやり方を見せたり、ロールプレイングを行ったりして、どんどん前進したほうが有効です。それが仕事を覚えてもらう最短の方法なのです。プレイングマネージャーとして部下を育てることは、自分のスキルも再確認することなのです。

POINT

部下を育てると自分自身のスキルも再確認できる

II

誰もやっていない
からこそ価値がある。
二代目ラファエル計画は
ガチだ！

僕のマスクとパーカという「ラファエル・スタイル」は、工数を少なくし、時間を効率化するために生まれたことはすでに書きました。

この姿には、もうひとつの利点があります。正体を見せずにマスクを被ることで、キャラクター化された共通イメージが作れるのです。そしてYouTuberとしてのアイコンを視聴者に印象づけることができます。ラファエルは生身の人間ですが、ミッキーマウスや仮面ライダーのような不変のキャラクターでもあるのです。

もしほかのYouTuberのように、顔出しをして動画に出演していたらどうでしょう。**僕が不慮の事故でも起こして死んでしまったら、1年もすれば視聴者の記憶から、きれいさっぱり消えてなくなるでしょう。**

これはTVの人気者でも一緒です。どんなに活躍していても、亡くなってしまうと熱心なファン以外は、数年もすれば「そんな人もいたね」と忘れてしまいます。せいぜい「あの人は今」なんて企画に登場するくらいのものでしょう。

ところが、ラファエルの場合はキャラクター化されているので、何十年後でも生き続けることができます。誰か新しい人物が、ラファエルのイメージであるマスクを被り、ブランドを引き継いでいけば何百年経っても存在できるのです。

これは大きな利点です。

もし、僕がこのままずっとラファエルを続けていくとします。もちろん現在の人気を持続させていく企画やノウハウは潤沢にあるつもりです。ところが年齢的な壁は避けて通れません。10年は大暴れできる体力はありますが、年を取って同じことを続けるのは、さすがに体力的にも精神的にも厳しいです。いつかは、ラファエルを降りなければならない時がやってきてしまいます。

今、僕はYouTube以外の事業も手掛けています。しかし、ほかで何億円の収益を上げていたとしても、ラファエルを演じられなくなったからといってチャンネルを手放すのはもったいないと思います。事業としてみれば、収益が出ている以上、廃業はあり得ません。

そこで経営的に考えたのが、誰かが新しいラファエル、つまり二代目を演じてチャンネルを存続させるという手法です。

最初は誰も本気にはしませんでしたが、僕にとっては最初から想定していた企画です。

基本的にラファエルはトーク中心のYouTuberなので、後釜を探すのはかなり難しいし、難航するとは思っています。どんなに僕の言動や仕草、間の取り方などの研究をしたところで、まったく同じYouTuberにはならないでしょう。**パーカや仮面は一緒でも、中身の個体が違うのですから当たり前の話です。**

再生回数の数字を落とさないようにするのは、少なくとも最初は無理かもしれませんが、ゼロにせず継続する方法を模索していく価値はあると思っています。そして、いつの日か視聴者に二代目ラファエルが受け入れられるようになったら画期的です。そして、もしもこれが成功したら、僕自身は一切働かないで収益を得ることができるようになります。立場的にはプロデューサーか、もしくはキャラクターの原作者といったところでしょうか。最終的な目標は、ラファエルチャンネルの直接的な労働環境から抜け出すこと。理想を追い求めるべく、僕は挑戦し続けます。

ちなみに、この二代目ラファエル計画は2018年までに何とかするはずでした。二代目募集のオーディションもやったのですが、結局、応募してくれた方には申し訳ありませんが、しっくりこなかったのです。こうした運とタイミングが関係する企画は、一回ではうまくはいかないものです。結局、合格者が誰もいなくて、すでに活躍しているYouTuberの中から演技派の方に協力してもらって二代目として撮影を敢行しました。

トーク主体のYouTuberになると、ある種の技術職、タレントさんなのでアルバイトみたいな値段では雇えません。何度か撮影するごとに新ラファエル動画のクオリティは高くなっていますが、再生回数の数字がなかなか上がらないので、今後、収益とギャランティとのバランスを見ながら、どのように進展させるかが知恵の絞りどころです。

まぁ、すでに初代の僕自身は、ある程度の成功を収めているわけですから贅沢な悩みではあるのですが。

いずれにせよYouTubeの世界では、「二代目企画」は誰も手を出していない画期的な発想です。逆にいえば、誰も持っていない新たなノウハウやデータを蓄積する絶好のチャンスでもあります。

僕は勝算があるから、この新しい企画にチャレンジしています。YouTubeは二番煎じでも儲かりますが、一番乗りはもっと儲かるのです。

POINT

誰も持っていない新たなノウハウやデータを蓄積する絶好のチャンス

Ⅲ

個人力の限界が訪れた時、問われるのはマネージメント力

これからYouTubeの世界はどんどん変わっていくでしょう。収益構造やコンプライアンスなど、根本的なシステムが次のステージに移っていくのです。するとYouTuber側も変わらざるを得ません。その時、重要になっていくのがマネージメント法ではないでしょうか。

僕はひとりで動くことにこだわっていると書きました。そのほうが効率的で、時短にもなるからです。ところがYouTubeのシステムが、次のステージに移行するとすれば、自分ひとりでできる仕事にも限界が出てくるのです。

僕はひとりで動いて10億円を稼ぐとします。でも僕よりスキルが低くても、僕の代わりをする人間が5人もいれば、30、40、100億円といった大きな収益を狙えるようになるのです。**もし企業が高いステージに行こうとしたら、人間を育てるマネージメントもするべきだと思います。**

今、僕は、細かい作業に関してなるべく自分ではやらないようにシフトしていると ころです。マネージャーを2名に増やしたのもこうした理由です。

ただ、これはどんな職種でも同じといえます。

器用な上司がいる職場は、必ずそういう壁にぶち当たります。どんな仕事でも自分でこなしてしまい、部下の作業にもすべて口を出している上司は、そのパワフルな営業力でそれなりの実績を出しますが、結局、4~5人のチームワークには勝てません。

器用な人がチームワークをなかなか発揮できないのは、他人に仕事を任せるのが怖いからです。だとしたら、スケジュール管理など、どうでもよいところから任せていく方法しかないでしょう。

自分の仕事を他人に任せてしまうと、いったんは目先の売り上げは落ちるのですが、その人たちが育ったら、時間とともに必ず収益は盛り返します。仕事を譲って自分の時間ができれば、ほかのこともできるようになります。

こうしたマネージメントの方法は「識学」から学んだものです。

人間の意識構造に着目した独自の組織マネージメント理論の識学は、組織内のメンバーが自らの役割と責任を正しく認識し、それを遂行していくことで組織変革を成功させようとします。

どの会社でもレベルが上がるとき、規模を大きくしたいときは、こういうマネージメントによる転換が有効です。

ただ、僕の場合は、YouTuberであり、ある意味、特殊な能力を必要とする仕事なのですから、簡単に他人には任せられません。現場での演出やネタは営業ノウハウと同じように、マニュアル化して引き継げるものではないのです。二代目ラファエルの計画がなかなか進まないのもここに原因があります。

YouTuberはかなり特殊な職種でもありますが、僕は識学で学んだ部分をピックアップして使っていこうと考えています。

自分の仕事を任せる人材を育てるには、スキルを上げさせるだけでなく、モチベーションを高めさせることも必要です。

たとえば、一般的な会社の場合は、部署の飲み会があります。僕は個人的には単独プレーが好きで、いわゆる「飲みニケーション」はあんまり好きではありません。営業マン時代も自分から後輩を誘ったことはないのですが、逆に誘われた場合はできるだけ飲みに行くようにしていました。

飲み会といっても僕の場合は営業会議の延長みたいなもの。日本の会社では会議ではなく、会議が終わってからのロビーで意見を発表する場合が多いといわれています。それと同じで、成功事例や対処法、攻略法のアドバイスを後輩へ伝える営業の勉強会を「飲み会」という名目でやっているという感じでした。

僕は後輩とのコミュニケーションを密にしつつ、「カッコいい先輩」に見えるようブランディングを心掛けました。自分の実績を見せて、その数字を目指してもらうのは当たり前の話ですが、それ以外のプライベートなライフスタイルにも憧れてもらえれば、チームの営業レベルを上げられるだけでなく、自然と士気も高まっていくからです。

憂さ晴らしの飲み会はまったく無意味ですが、こうした人材育成に使えるのなら、マネージメント上でも重要なコミュニケーション手段になるのです。

常に向上を目指す資本主義の下では、いつまでも安泰なビジネス環境というのはありません。成長しない者は市場から退場させられる運命にあります。会社を存続させるためには、仕事を任せられる人材の確保が重要だと思います。

POINT

企業が高いステージに行くためには人間を育てるマネージメントをするべき

Ⅳ

ダラダラと動画を撮る時代は終わり。僕がYouTubeのロールモデルになる

チームで動いている会社では、さまざまな面を管理することで時間効率を最大化することができます。この管理に効果を発揮するのが会社のルールです。一般企業には就業規則というルールが定められていますが、YouTuberを職業にしていても、こうしたルールを持っているYouTuberはほとんどいません。

それなりの金額を稼いだとしても、どこか遊び感覚なのが否めないのです。

ところが近年、一流企業や経済界がYouTubeのメディアとしての影響力に注目し、またYouTuberのタレントとしての露出度が高くなったことで、数年前と比べても、業界全体のステージは上がってきています。**それに伴って、YouTubeのコンプライアンスが厳しくなっていますが、コンプラ対応ができないYouTuberも少なくないのです。**今後、変わっていくルールに対応できないクリエイターは、自分を管理できずに消えていくでしょう。

僕の個人事務所の就業規則は、一般企業と同じように司法書士に作成してもらったものです。たとえば就業時間は10〜20時。これは通常の企業に合わせたものです。就業のサイクルがズレると、異種企業間の連携が取れないことも出てくるので、特に気をつけなければなりません。

まれに出版社や芸能関係では、11時始業やフレックス制度という会社もありますが、僕の事務所は一カ月を通して、休みも含め一般企業と同じような就業規則を作っています。そのほうが圧倒的に効率的だし動きやすいからです。

YouTuberはそうした時間感覚がメチャクチャです。みんな適当な時間に起きて、ダラダラしながら夜通し動画を撮影して、適当に寝る。それが当たり前の感覚になっています。YouTuberはそれでいいと思ってやっているのでしょうが、通常の企業の信用は得られないのは当然の話です。

僕が拠り所にしている識学では、時間を守るのが絶対のルールと考えます。もちろん、YouTuberという職種的にスケジュールを完璧に守るのが難しいとしても、可能な限り意識することは必要不可欠なのです。

YouTuberの世界で近年話題になっているのが、コンプライアンスの厳しさではないでしょうか。

僕は2019年に突然、BANされました。それまでの動画がすべて削除されたことで、大損害を受けたのです。

その後、**僕はドン・キホーテの元社長の大原孝治さんと会食している時に、こんな**

ことをいわれたんです。「YouTubeのルールが変わって面白くなくなったと考えるのではなくて、YouTubeが世間に認められたんだと思いなさい」と。僕は即座に「なるほど！」と納得しました。

コンプライアンスが厳しくなっているのは、社会的なステージが上がったということ。社会とはそういうものなのです。

確かにYouTubeには、TV業界からの広告も流れていますし、僕自身も上場企業の案件をやりました。これも少し前だったら考えられないことです。ステージは、着実に上がっているのです。

ですからYouTuberも、今までと同じようなやんちゃなキャラクターを見せつけるようなブランディングではダメですし、ハチャメチャなプライベートを公開するというのも喜ばれなくなるでしょう。

将来、子どもができても「お父さんはYouTuberだ」とはいえないし、彼女が「彼氏の仕事はYouTuber」ともいえない業界が、まともだとは誰も思わないでしょう。

それが、コンプライアンスが厳しくなることの本当の意味なのです。

そうした第三者の目にさらされているメディアとしての最終形が、放送法というルールに準拠したTV業界だと思うし、その中で最良な形はNHKではないでしょうか。

僕はYouTubeがそうなったら素晴らしいと考え、そこを目指すべきだと思っています。**もちろん、破天荒な動画があるから面白いという意見もありますが、YouTubeはもうそういった自由な時期を通り越してしまったのだと思います。**

YouTubeが業界として次のステージに上がるには、クライアント（スポンサー）、視聴者、YouTuberの三角関係が絶対必要です。このバランスが成り立たないと、経済が成り立ちません。これら三者の間を取り持っているのがルールなのです。

ルールが厳しいのは、社会がその業界に社会人としてのロールモデル（規範）となることを欲しているから。それは、業界がまだ無限大の可能性を秘めていると考えてもらっていることの表れでもあるのです。

POINT

ルールが変わって厳しくなったのは世間に認められた証拠

V 反対意見は大歓迎！自分の盲点を突いてくる貴重なサンプルである

営業マン時代、僕は、たとえ入社1年目の新人の意見でも、いいと思ったアイデアは積極的に取り入れてきました。

いいなと思ったアイデアは、誰のものでも構わないのです。**僕にはキャリア年数だけを誇るプライドはないので、すぐに取り入れます。**

15～16歳から飲食店などでアルバイトをしていました。僕は何でも器用にこなしてしまうタイプでしたので、小さいコミュニティですが、やるべき仕事は、しっかりやっていました。もちろん、学生バイトですから大きな実績を作りようもなかったのですが、上司や先輩は、きちんと僕の意見も取り入れてくれたのです。

そういう職場環境で育ってきたので、僕自身も他人の意見を受け入れるようにしています。これは自衛隊時代でもそうでした。

ところが一般企業の中には、未だに会議で「意見を出すなら、まずは結果を出してから」という風潮があるのは否めません。会社や部署の運営方針がベテラン勢だけで決められている状態です。

そもそも会議で、ベテラン勢が下の者の話を聞かないというのは正直ダメな組織だと思います。それは会議とは呼ばず、単なる社長への報告会です。

これでは、新しい時代の波に乗り切れない局面も出てくるはずです。日本の歴史ある同族会社などではよくある話で、だんだん動脈硬化状態に陥り、経営不振になっていくのが昨今でも話題になっています。まぁ、そうした企業は平成の時代は持ちこたえたけれども、令和の時代には淘汰されていくと思います。

もちろん古典芸能や歴史を受け継いでいく仕事に関しては別だと思います。昔のやり方を残すことに価値があるのですから、むしろしっかり保存してほしいという願いすらあります。

しかし、21世紀の現代社会の一般企業で若手の新しいアイデアに耳を貸さないのは、さすがにマズいと思います。**もちろん商品内容にもよりますが、若手の声を拾わないというのは、多角的な分析ができていない証拠でもあるのです。**

壮年層や高年齢層を限定的に消費者として設定している商品であっても、販路を広げるには若い人の意見は取り入れなければならないでしょう。

東証一部上場の条件は、株主数2200人以上、流通株式数20000株以上、時価総額は250億円以上などと非常に厳しいものですが、この規模の企業になるとさまざまな意見を取り入れて運営をしていかなければ、株主からの突き上げにあいます

（逆に株主からのクレームがまったくない企業は、何か裏があるはずですから、先行きが怪しいと思わざるを得ません）。

もちろん社長をはじめとした経営陣が若い一社員の意見を聞く場合には、フットワークの軽い体制にしてすぐに取り入れるか、あるいは十分に検討しつつ取り入れるなど、その採用の見せ方も重要になってきます。見せ方ひとつで業績を上げるだけでなく、会社のイメージも向上させる相乗効果になるからです。

僕自身も東証一部上場の企業に在籍していましたが、**その当時の上司の部長が、何かにつけ、若手社員にも「どうしたらいいと思うか」と聞いてくれました。そうした意見を取り入れることで、職場環境や仕事の方向がおかしくなる経験はまったくありませんでした。**むしろ、さまざまなことが改善されて業績が上がった記憶があります。

ちなみにその部長は現在、次期社長候補と呼ばれているそうです。

今、YouTuberの仕事をやっていても、こうした考え方は変わっていません。たとえば動画の企画会議では、構成作家が30本ほどのネタを出してきます。**この時、作家の年齢や立場は関係ありません。面白くて現実味があれば採用なのです。**

会議ではアイデアや意見をお互いに出していきます。出てくるのは抜群のアイデアだけでなく、凡庸なもの、まったくダメなものまでさまざま。中には反対意見もあります。実は会議の環境としては、５人以上のコミュニティならば、反対意見をいう人もいたほうがいいんです。そのほうが最終的にいい企画が生まれると思います。

歴史的に、アメリカの政権は対立した政党や団体の意見をよく聞きます。というか政党の中に、幅広い意見が存在しているのです。ですから、党議拘束がないなど、日本との政治体制の違いもあるのですが、基本的にアメリカでは敵対している相手は自分に見えない意見をいってくれるという認識がある。当然、意見をいってくれる人の年齢やキャリアは関係ありません。日本だと敵対政党の足を引っ張るのが基本ですが、そういうアメリカのような考え方は大事です。イエスマンだけを集めても仕方がないのです。これは会社でも同じ。新人でも、いいと思った意見は取り入れるのが、組織の発展を促すポイントなのです。

POINT

相手が若手だろうと、自分に見えない意見に価値がある

Ⅵ リスクの収束こそ、秒で行え！

仕事ではミスはつきものです。それを前提にしながらも結果を成功に導くためには、発生したリスクをできるだけ早く収束させなければなりません。

状況にもよりますが、目下のものがミスをしたら、僕は事態収拾に動きました。もし単純なミスであれば、代わりに取引先に謝りに行きましたし、クレーム処理もしました。大事なサンプル商品を失くしたり、壊したりしてしまったら、その代わりになるものを用意したこともありました。自分とは関係のない営業所でも下の者が失敗したら、尻ぬぐいをするのは当たり前です。

ミスの事態収拾は速攻で行うのが鉄則です。取引先との対人関係でもあるので、これを引き延ばしても何の得もありません。**ミス自体が余計にこじれてしまうだけでなく、信頼も崩れてしまいます。ですから、できるだけ早く謝罪に行きます。**

もちろんそのあと、ミスをした本人を諭したりすることはありましたが、責めることはありませんでした。大抵ミスをした人間はヘコんでいます(まったく態度が変わっていないときは人間性に問題があるのかも)。ヘコむというのは反省していることの表れですから、怒る必要はないのです。人を怒るというのは気を引き締めさせるための行為であり、感情をぶつけるのはナンセンスです。

もし何かいいたいことがある時は、すぐに行動をするのはよくないと思っていて、本人にも24時間じっくり考えてもらい、僕も冷静になれる翌日に伝えることを意識していました。また一度に大量に文句をいわないことも大切です。他人を怒る時、文句を次から次へとまくしたてる人もいますが、相手は大抵全部を覚えきれないものです。だったら、ミスのリカバリーの方法を一緒に考えるほうが効率的で有意義です。

さすがにアルバイトではないので、サボったとか、暴言を吐いたという問題は基本的にはありませんが（もし起きたら、それは本人の社会人としての適性の問題です）、起きても仕方ないミスも、仕方ないで済ましてはいけないのが組織です。**どうしたらミスが防げるかを考えると同時に、これから数字を上げていく方法も導き出します。**

ミスをした人間には、これまでの成功事例をやらせてみたり、目標の見直しを促したりします。ただし、あまりに強いペナルティ感を出してしまうと、人間はミスを恐れて、行動が消極的になってしまいます。ミスから生じた損益とミスを恐れずに出した収益を天秤にかけると、会社としては後者のほうがメリットが多いはずですから、社員にはどんどんミスをしろと推奨してもよいくらいなのです。

もし発生したのが些細なミスから生じたものではなく、それまでの会社のルールでは想定できなかった事故の場合は、組織全体でも考えなければなりません。その時は、営業所の所長や支店長を交えたディスカッションになるでしょう。

ＹｏｕＴｕｂｅｒである、現在の僕がしでかしたミスで有名なのは、２０１９年のＢＡＮでしょう。これは当時、ＹｏｕＴｕｂｅのルールに違反した動画を多くアップしていたため、アカウント停止処分になったのです。２１０万登録者数があったラファエルチャンネルが、突如、ゼロになったのですから損害はハンパなものではありませんでした。動画もすべて消されましたから、リカバリーのしようもない非常事態です。

ところが、その時、僕は意外に冷静に対処していました。

僕はまず、新しいチャンネルにこの騒動に関する謝罪動画をアップしました。もちろん真摯に反省の弁を述べましたが、同時に「これからはクマと戦ってみたとか、過激な動画はやりません！」と、あることないこと盛り込んだユーモラスな内容にしたのです。これらはラファエルのキャラクターを守るためのブランディングの意味も強かったのですが、人に何かを理解してもらうとき、ユーモアのスパイスを散りばめると伝わりやすくなるからです。

すると、僕のチャンネルがなくなった時、「ザマアミロ！」という辛辣な評価もいただいていましたが、謝罪動画アップの直後から風向きが変わり、YouTubeの規制についての批判という形で擁護論も出てきたのです。

僕としては、自分のことながら、過激な動画への規制はやむなしと理解はしていましたが、**少なくとも騒動のおかげで、より多くの人の間で名前を知ってもらえたし、即座にアップした謝罪動画で好感度も上がったので、このミスは決してマイナスにはならないと考えていたのです。**その証拠にBAN休止後に手掛けた広告案件は、依頼数が過去最高を記録し、その月だけで22件にのぼったのです。もちろんこの陰には、ご縁のあるクライアントやYouTuberたちの応援があったのも忘れられません。

リスクを速攻で収拾して混乱を収束させると、業績を回復させるだけでなく、それまでの信頼関係を見直すこともできます。ごまかしや先延ばしではなく、対応を間違わなければ流れは再び自分のほうに引き寄せられるのです。

POINT

リスクを速攻で収拾すると、業績回復だけでなく信頼関係の見直しもできる

「自分のためになる」
と考えれば、面倒だと思う仕事も
ストレスを軽減できる

最終的な目標は、
ラファエルチャンネルの
直接的な労働環境から
抜け出すこと。
理想を追い求めるべく、
僕は挑戦し続けます

現場での演出やネタは
営業ノウハウと同じように、
マニュアル化して
引き継げるものではない

コンプライアンスが
厳しくなっているのは、
社会的なステージが
上がったということ。
社会とはそういうものなのです

そもそも会議で、
ベテラン勢が下の者の話を
聞かないというのは正直ダメな
組織だと思います。
それは会議とは呼ばず、
単なる社長への報告会です

人を怒るというのは
気を引き締めさせるための行為であり、
感情をぶつけるのはナンセンスです

第6章

時給日本一YouTuberとしての心構え

ダラダラと動画を撮っていて、

「時給換算したらいくらなの?」

というYouTuberがたくさんいる。

最短かつ最大の成果を上げる僕こそが、
時給日本一のYouTuberなんだ!

I

僕は「悪党」であると
自覚しているけれど、
決して
「悪魔」ではない！

僕は、昔から年上や上の立場の人間から可愛がられていました。学生時代はヤンキーでも不良でもないのに、番長クラスと仲良くできたタイプです。自衛隊時代でも上官から可愛がられていたので、そういう性質（タチ）なんだと思います。

営業マン時代も同じで、上司や取引先の目上の方に目を掛けてもらいました。**とはいえ、年上に気に入られる練習をしていたわけではありません。もちろん、営業トークは鏡の前で死ぬほどシミュレーションしましたが。**

では、僕はいかにして相手の懐へ飛び込んだのでしょうか。

僕が意識したのは相手を本気で好きになることでした。すると相手にどう接したらよいか分かるようになり、相手のトリセツが読めてきます。僕はそのトリセツどおりに動いていたので、気に入られないわけがありませんでした。

営業マン時代の僕はチワワです。チワワのように元気にキャンキャンしているキャラ作りを徹底していました。もちろん、はしゃいでいるだけではなく、営業トークはポイントを押さえて簡潔にしゃべります。1分だけ時間をくれますかと、短く時間を切って商談することも少なくありませんでした。ビジネスマンはせっかちな人も多いので、話が長いとイラっとされるからです。

堅物の人、気難しい人ほど、攻略しやすい人物です。そういう相手には定番の褒め方が有効です。

ある時、僕を怒ってばかりの取引先の部長が「なんでウチに来るんだ?」と聞いてきたことがあります。

「ぶっちゃけた話、御社は別に好きではないのですが、僕は部長が好きだから営業に来ているんですよ」と答えました。

この部長を分析した結果、親分扱いして気分よくさせるのが最速の営業方法だったのです。これは、お世辞ではなく僕の正直な気持ちでした。子分にしてくださいくらいの勢いで相手に好意を伝えれば、必ず可愛がってもらえます。

俺は忙しいんだ、という雰囲気を出してなかなか会ってくれない人もいます。そういうトリセツ的には厚い「よく分からない人」と打ち解ける方法は、言動を慎重にするしかないのですが、何より頑張って努力している姿を見てもらうと効果的です。商品サンプルとお菓子を持って、「たまたま近くに来たので」と定番のご機嫌伺いを積み重ねると、ようやく時間を取ってもらうことができたりします。効率は悪いのですが、商品力よりも自分を売り込むやり方です。ここまでするのは、大きな商談の可能性があるお客さんに限りますけどね。いわばリターンを期待した先行投資です。

コミュニケーションの相手の心をつかむのは、現実の対面だけではなくネット上でも行われます。

またYouTuberにとってのお客さんは、視聴者やフォロワーということになります。視聴者の心をつかむには、データ管理と研究、分析を繰り返しながら、全力でいい動画を作るしかありません。

ただし僕にとっては、視聴者=ファン、フォロワー=ファンではありません。僕は熱烈なファンとの交流はあまりメリットがないと考えています。

ファンを集めてライブを開催したり、オリジナルのグッズを売ったりして収益があればいいけれど、制作費から倉庫代まで考えると、物販はそう簡単に儲けが出るものではありません。収益を得るために、「それが一番いい方法なの?」と思ってしまいます。

それをやるなら広告案件を取ってきたほうが効率的です。

ですから、オフ会なんかも絶対やりません。

視聴者と直接会うことは、一部に熱心なファンを作り出し、アイドル的人気を濃厚にするかもしれませんが、そんな承認欲求は僕にはまったくありません。

こうした僕の態度はまったくファン思いではないけれど、逆に超ファン思いであるともいえます。僕はお金が好きだし「悪党」だと自覚していますが、決して「悪魔」ではありません。相手の懐へ飛び込んではいきますが、人の気持ちや心を奪ってグッズを売りつけようなんて考えませんから。

疑似恋愛でファンからお金を集め、裏ではしっかり彼氏と仲良くやっているアイドルはたくさんいますが、人の気持ちまで奪うのは「悪魔」の所業です。

Q・タランティーノ脚本の『フロム・ダスク・ティル・ドーン』という大好きな映画があるのですが、主人公が最後に語る「俺は悪党だが悪魔じゃない」というセリフが印象に残っています。相手の懐へ飛び込んだとしても、人の気持ちを奪ってだますように金儲けをするのは、僕は好きじゃありません。これは元営業マンのプライドかもしれません。

POINT

意識したのは相手を本気で好きになること

II

モチベーションがない人は目標がないから行動力がない

ビジネスシーンではいろいろ複雑な心理が交錯しています。メリットやデメリットなど、お客さんはさまざまなことを考えていますが、その心を「いかに動かすか」を考えるのが営業の仕事です。では、高い商品を次々に売るトップセールスマンと、何をやってもまったく売れない営業マンの違いはどこにあるのでしょうか。

簡単な話です。この両者を分けるのは、「モチベーション」の差です。

売れない営業マンはモチベーションやヤル気が低く、仕事をしていないだけなのです。トップセールスマンは、別に資格を持っているとか語学に堪能といった特殊能力を持っているわけではありません。しかし、高いモチベーションを持って、売れない営業マンよりも早く、あきらめることなく何度も営業に繰り出すのです。

トップセールスマンの成約率は、成約本数と営業に回った総件数で簡単に割り出せます。成約率が5件に1件の割合で、あと1件の成約本数が目標値だとしたら、残り5件営業に回れば数値的には目標を達成できる計算です。

しかし、売れない営業マンはその数字が出ても動きません。なぜならヤル気がないからです。商品を販売する営業では、数十万から数百万円の範囲であればヤル気と努力で乗り切れる場合がほとんどです。飛び込み営業なら、1日に何十件も回れるはずですが、売れない営業マンは、その何分の1しか飛び込んでいません。これは僕の経験です。

僕も営業マンになりたての頃は成績が不振でした。しかし、手本にすべき先輩がいたことで営業技術と知恵などのノウハウが伝授されました。そして、もっとも必要なのは「ヤル気」だということも教わったのです。

トップセールスマンは負けず嫌いの性格の人間がほとんどです。ですから、いつも仕事のことばかり考えています。そして、そのモチベーションは本当に仕事を好きだと思っているところから生まれます。

売れない営業マンは、その仕事をやりたくてやっているわけではないのか、とにかくヤル気がないので、将来の夢や目標が希薄です。夢や目標こそがモチベーションの原動力のはずなのに、それがありません。**逆に、トップセールスマンはモチベーションの塊です。それが数字となって跳ね返ってくるのです。**

心理学者アルフレッド・アドラーが提唱した「アドラー心理学」の理論『目的論』では、「目的（希望）」に意識を向けることを推奨します。日本では失敗の原因はどこか？という風に過去の追及だけをしてしまう考え方が多いのですが、目的論では「何ができるか」「何をしたいのか」と前向きに考えを転換します。

目的論は現在の自分のなりたかった職業ではないという事実をいったん切り離し、「どんな目的のために、この行動をするのか?」を見つめ直して、変えられる未来への行動を考え直す思考実験です。トップセールスマンは、このアドラー心理学を無意識のうちに使っているのだと思います。つまり、新入社員でもしっかりとした目的さえあれば、社歴10年の営業マンにも確実に勝てるのです。

また、僕が「こいつできるな!」と感じるトップセールスマンは、相手の言動に対しての理解力が高く、まどろっこしい段階を踏まずに、質問に対して的を射た言葉で早口で答えられる人です。もちろん、早口というのは頭の中で回答が整理され、ハキハキ分かりやすくしゃべれることで、単純にまくしたてればよいというわけではありません。

相手と話をしたり、プレゼンテーションをしたりする際の態度や言動で信頼を得ることを、心理学では「セルフマニピュレーション」と呼びます。大きな声で話し、自信を持ってゼスチャーなどを加えることで、プレゼンの内容の信憑性を高めるのです。また何度も繰り返し、顧客の元へ通うことで好感度を上げていく手法は「ザイオンス効果」と呼ばれます。

営業マンが用もないのに何度も顧客の企業に足を運んだりするのは、会社の好感度をアップし、何かがあった時に一手に仕事を引き受けるための体勢を敷いておくためです。

このザイオンス効果を利用した広告に「セブンヒッツ理論」があります。消費者は7回同じ広告を目にすると、最終的に商品を購入する可能性が高くなるというマーケティング理論です。

こうした心理学を駆使しているのが営業の現場です。ここで僕のとっておきの、プラス・アルファを教えましょう。**僕は、どんなに暑い夏でもクールビズはしませんでした。「お前、暑苦しいな」といわれても「部長さんの前ではネクタイ取れないですよ」と、頑張った感をアピールして好感度を上げる手法です。**ちなみにこれも「セルフプレゼンテーション」と呼ばれる心理学の手法なのです。

POINT

心理学的手法を使って、自分に何ができるかを追求

III マルチタスクはしっかり管理さえすれば誰でもできる

「ただでさえ忙しいはずなのに、なぜいくつも仕事を増やすのか?」と、僕はよく聞かれます。**しかし24時間をうまく使い、やり方の管理をしっかりやっていれば、複数の仕事をただこなすだけでなく、高いクオリティを保つことができるのは間違いありません。**

現実的に見て、ひとつの仕事に集中できるビジネス環境はあるのでしょうか。今時、そんな贅沢な会社は聞いたこともありません。

現在の僕のYouTubeの仕事に限っても、営業やマーケティング、企画、新規事業の運営、動画の制作、出演、コンサルと、多岐にわたっています。これらを安定したクオリティで回すところに成功への近道があるのです。

さまざまな仕事を秒でこなしていくためには、具体的な5つの方法があります。これは特殊なものではなく、ごく一般的な誰でもトライできるやり方です。

まず時間を作るスキルです。「時間ができたら、この仕事をやる」ではありません。積極的に時間を作ることこそ、タイムマネージメントなのです。時間を作るには、仕事のタスクの細分化という方法があります。まず、作業手順を小さいプロセスに分け、そのプロセスごとに小さな成果を設定します。すると仕事は扱いやすくなり、結果への見通しがついて成果も明確になるのです。効率化をすることで作業の時短を図るのです。

そして、今後の生産性の向上のため、その記録を取っておくことも大事です。

重要な作業の場合は、あらかじめ時間を管理して確保しておきます。

細切れではなく、1時間2時間単位で時間をまとめ、細かい作業はまとめてある時間の合間に行います。

簡単な作業ルールは、複数の仕事をこなすための潤滑油になることがあります。

たとえば、自分がやらなければならない作業は必ずメモを取ります。作業内容だけでなく、電話やメールをするなどといった些細なことまで記録します。手書きのメモでも手帳でも、スマホのスケジュール機能やメモ機能を使ってもOKです。

もちろん直近の仕事だけではなく、長期的な予定も記録しておきます。資格試験の勉強や読書の予定も、人に頼んだ仕事も、すべてメモをするのです。そして、この記録を定期的にチェックします。絶対に記憶を当てにしません。

予定をいちいち思い出したり覚えたりしなくてよいので、逆に頭の中のメモリを節約でき、ストレスから解放されます。僕のようにマネージャーを雇える人はほとんどいないはずですから、このメモとチェックの習慣がマネージャー代わりになります。

場当たり的な動きはできるだけ避けますが、こうしたメモ以外の作業が入り込んでくることも当然あります。

そんな時はそれらと自分のレギュラーの仕事を合わせて、優先順位をつけます。「重要度」と「緊急度」のマトリクスを作り、中でも重要で緊急なものは、最優先で行わなければならないこともあります。しかし、通常の場合の優先づけは、「期間」と「難易度」で決めたほうが、結果的には慌てないスケジューリングができます。

「期間」と「難易度」のマトリクスを作ると、タスクの性質がよく見えてきます。「期間」が長く、なおかつ「難易度」が高ければ、ルーティン化して細分化し、毎日こなしていく作業にします。時間がかかるものから先に手をつけるのは定石です。

「期間」が長く、「難易度」が低いのは、意識して時間を確保して行う作業となります。油断して放置すると、自分の足を引っ張ってしまうので注意しましょう。

「難易度」が高く、「期間」が短い仕事は、事故処理などの緊急タスクが多いと思います。こうした作業が発生したら、上司は部下に振ることはせず自分でこなすべきです。万が一、このジャンルの仕事が増えるときは、仕事の営業の仕方、進め方を改善する必要があるでしょう。

「難易度」は低いが「期間」が短いタスクは、助っ人やアシストをするために受ける仕事が多いと思います。これは基本的には自分の仕事ではない場合が多いので、あまり振り回されないようにしたほうがいいと思います。

当たり前にも思える優先順位づけも、仕事の効率化の最善の方法です。仕事の管理や整理から徹底すれば、同時進行のプロジェクトの数を増やし、マルチタスク化していけるはずです。ただし、今やらなくていい作業は、その必要な期間まで一切手をつけずに、今すぐやるべきことだけに集中します。

こうした1日の仕事、週間の仕事、月間の仕事は、まず朝イチで優先順位づけとその確認をします。ルーティンとイレギュラーの複数の仕事を同時に、そして効率的に進めていくには必ず1日1度はチェックを入れましょう。

正直、これらは「ビジネスの基本のキ」ですが、さまざまな仕事を効率的に秒でこなしていくことは、僕に限ったことではなく誰でもトライできるのです。

POINT

メモがあなたのマネージャー代わりになる

IV

秒で変わっていく今後のYouTube市場について語る

ＹｏｕＴｕｂｅは現在、大きな過渡期を迎えています。それは外側から見た業界のイメージだけでなく、内側のシステム、ＹｏｕＴｕｂｅｒの方法論など、すべてが秒単位で大きく変わっていくはずです。

近年、多数の著名な有名人がＹｏｕＴｕｂｅの世界に飛び込んできているのは、ご存じのことでしょう。果たしてＹｏｕＴｕｂｅ業界はどのように変貌していくのでしょうか。

ＹｏｕＴｕｂｅは誰でも参加できるメディアのプラットフォームとしてスタートしました。これは今でも変わりません。毎日のように、学生やアマチュアＹｏｕＴｕｂｅｒたちが楽しい思い出動画をアップしています。

しかし、一部のＹｏｕＴｕｂｅｒがマネタイズ、つまり収益事業化に成功すると、誰もが一攫千金を狙った動画を作るようになりました。しかし――。

ここ数年、エンタメの分野で、素人からバズったYouTuberはほんの一握りです。これからはマネタイズできるような素人YouTuberの新規参入は難しくなるでしょう。これが最初の変化です。

それと同時に、この先ＹｏｕＴｕｂｅの世界に芸能人がどんどん参入してきます。知名度はあるし、プロが作るから動画のクオリティは高いでしょう。再生数も伸びるかもしれません。でも、広告などで大きな利益を出すと、タレント事務所は絶対に半分以上持っていきます。そうなると、どんなに登録者数を伸ばして再生数を稼いでも、タレントはせいぜい3分の1もらえるのがいいところでしょう。**それに対して、すでに数字を持っている既存のYouTuberは、稼いだ金額はほぼ利益になります。つまり芸能人YouTuberは、既存のYouTuberより年収を上回ることができません。**これが次のステージです。

そのうち芸能人YouTuberの中に、バズって、それなりの収益を出す方も出てくるでしょう。するとギャランティの取り分に不満が生じてきます。現状の芸能界は、仕事のギャランティもCMの契約料も不透明な事務所が多いと思います。ここがYouTubeとは違うところです。YouTubeは広告の収益がちゃんと数字で見えるのです。1000万円のギャランティのうち、事務所がこっそり900万円を抜いていたら、一般社会では許されないピンハネです。広告案件もかなりの確率でギャランティの金額がバレます。タレントさんとプライベートでつながっているYouTuberは多いですし、僕も相場を聞かれたら答えると思います。**事務所はごまかせないから、ギャランティをガラス張りにするしかないのです。**

するとやっぱり欲が出て、この先マネタイズに成功した芸能人YouTuberたちが、事務所と揉めてフリーになるというケースが増えてくるでしょう。それが次のステージです。フリーになった芸能人YouTuberですが、自分ひとりでは動画制作ができません。撮影、編集からアップに至るまで、結局、誰かに丸投げになってしまいます。もし、それが自分でできるようになったとしても、TV界へ復帰ができなくなるほど毎日作業に追われるというスパイラルにハマってしまいます。

今度はそれに呼応するように、芸能人YouTuberを集めたプロデュース事務所を作る人間が出てくるでしょう。僕が今手掛けているYouTubeコンサル業の芸能事務所版です。チャンネル開設から動画のプロデュース、制作までやるので、こちらに何%くださいという商売です。**これは、数字が落ちて疲れてしまった現役のYouTuberにとって一種の逃げ道になります。**芸能人ひとりにつき5チャンネル運営するとして、7対3くらいの取り分にしたら月1000万円はいけると思います。

そして、今度はその会社に投資する投資家が出てきます。YouTubeは投資の場になるかもしれません。これは法律上逸脱していないし、グーグルも規制できない部分です。いろいろな人間が参入すれば、YouTubeは数百億円規模にまで広がる市場だと思うし、同じ視聴者の年齢層を持つ僕からしたら、芸能人が参入してくれれば再生数が安定するので、ありがたい限りなのです。

そうなると芸能人の動画がバズったら、隣の家の僕もバズるみたいな連鎖反応的な現象が起きます。でも、それは既存の数字を持っているからの話。何も考えないで作った中学生や高校生の動画の再生数が、一緒に伸びるなんてことはあり得ません。これが冒頭に記した素人YouTuberの新規参入が難しい理由です。

当然、視聴者層の割合も変わってくるでしょう。そうなってくると、子どもの間で人気のトップYouTuberの勢力図も塗り替えられるかもしれません。

こうしたかなり現実味のある予測は、YouTubeのステージが上がってYouTuberが花形職業になる時代に向かっていくことを表しています。

先にYouTubeが過渡期を迎えていると書きましたが、これは業界が危ないというのではなく、今後はもっと質の高いプラットフォームになっていくということです。

POINT

今後、YouTubeは投資の場になる可能性がある

“

営業マン時代の僕はチワワです。
チワワのように元気に
キャンキャンしている
キャラ作りを徹底していました

“

僕も営業マンになりたての頃は
成績が不振でした。
しかし、手本にすべき先輩が
いたことで営業技術と知恵などの
ノウハウが伝授されました。
そして、もっとも必要なのは
「ヤル気」だということも
教わったのです

メモをすれば、
予定をいちいち思い出したり
覚えたりしなくてよいので、
逆に頭の中のメモリを節約でき、
ストレスから解放されます

この先マネタイズに成功した
芸能人YouTuberたちが、
事務所と揉めてフリーになる
というケースが増えてくるでしょう

秒で決めろ！
秒で動け！

END CONTENTS

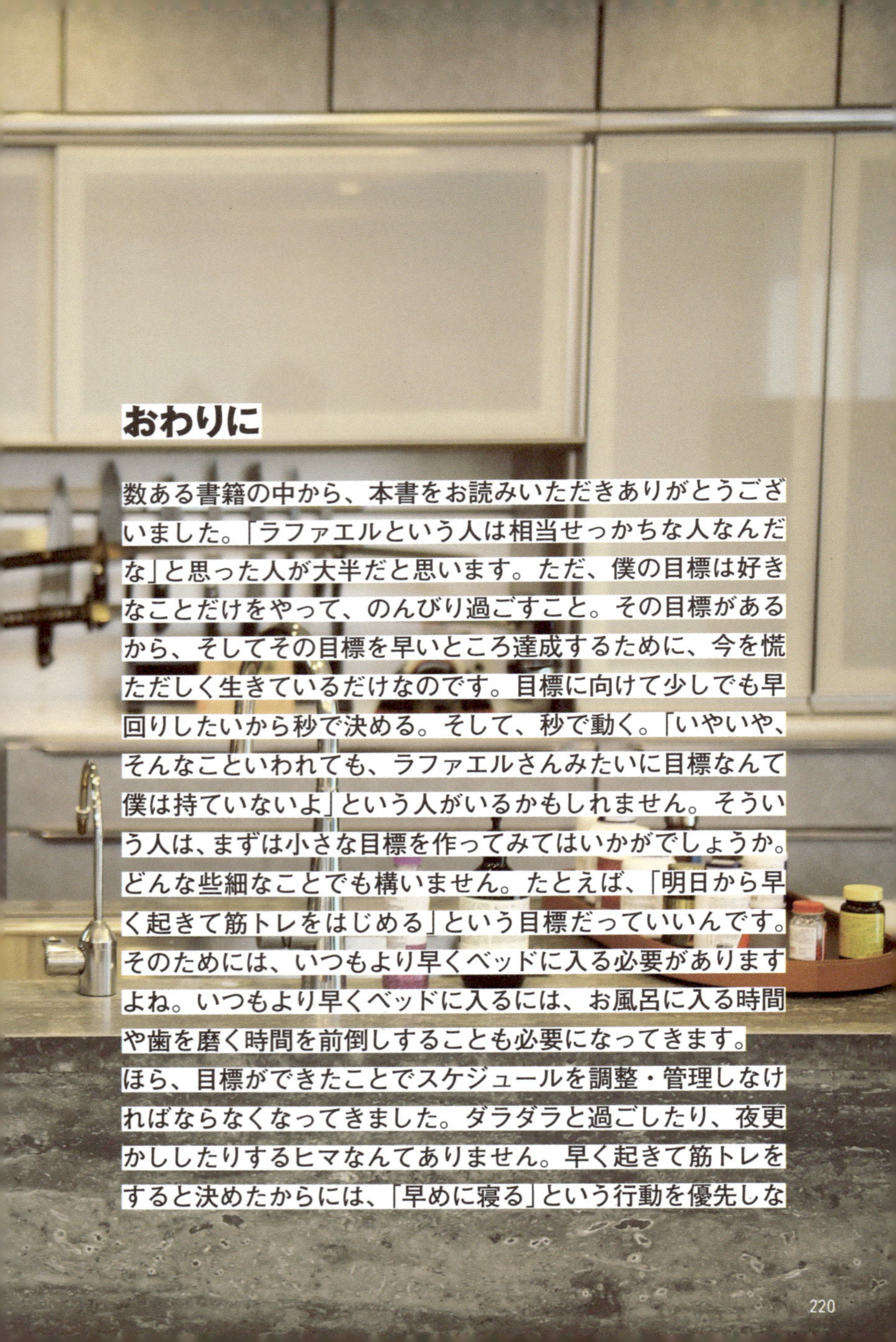

おわりに

数ある書籍の中から、本書をお読みいただきありがとうございました。「ラファエルという人は相当せっかちな人なんだな」と思った人が大半だと思います。ただ、僕の目標は好きなことだけをやって、のんびり過ごすこと。その目標があるから、そしてその目標を早いところ達成するために、今を慌ただしく生きているだけなのです。目標に向けて少しでも早回りしたいから秒で決める。そして、秒で動く。「いやいや、そんなこといわれても、ラファエルさんみたいに目標なんて僕は持ていないよ」という人がいるかもしれません。そういう人は、まずは小さな目標を作ってみてはいかがでしょうか。どんな些細なことでも構いません。たとえば、「明日から早く起きて筋トレをはじめる」という目標だっていいんです。そのためには、いつもより早くベッドに入る必要がありますよね。いつもより早くベッドに入るには、お風呂に入る時間や歯を磨く時間を前倒しすることも必要になってきます。

ほら、目標ができたことでスケジュールを調整・管理しなければならなくなってきました。ダラダラと過ごしたり、夜更かししたりするヒマなんてありません。早く起きて筋トレをすると決めたからには、「早めに寝る」という行動を優先しな

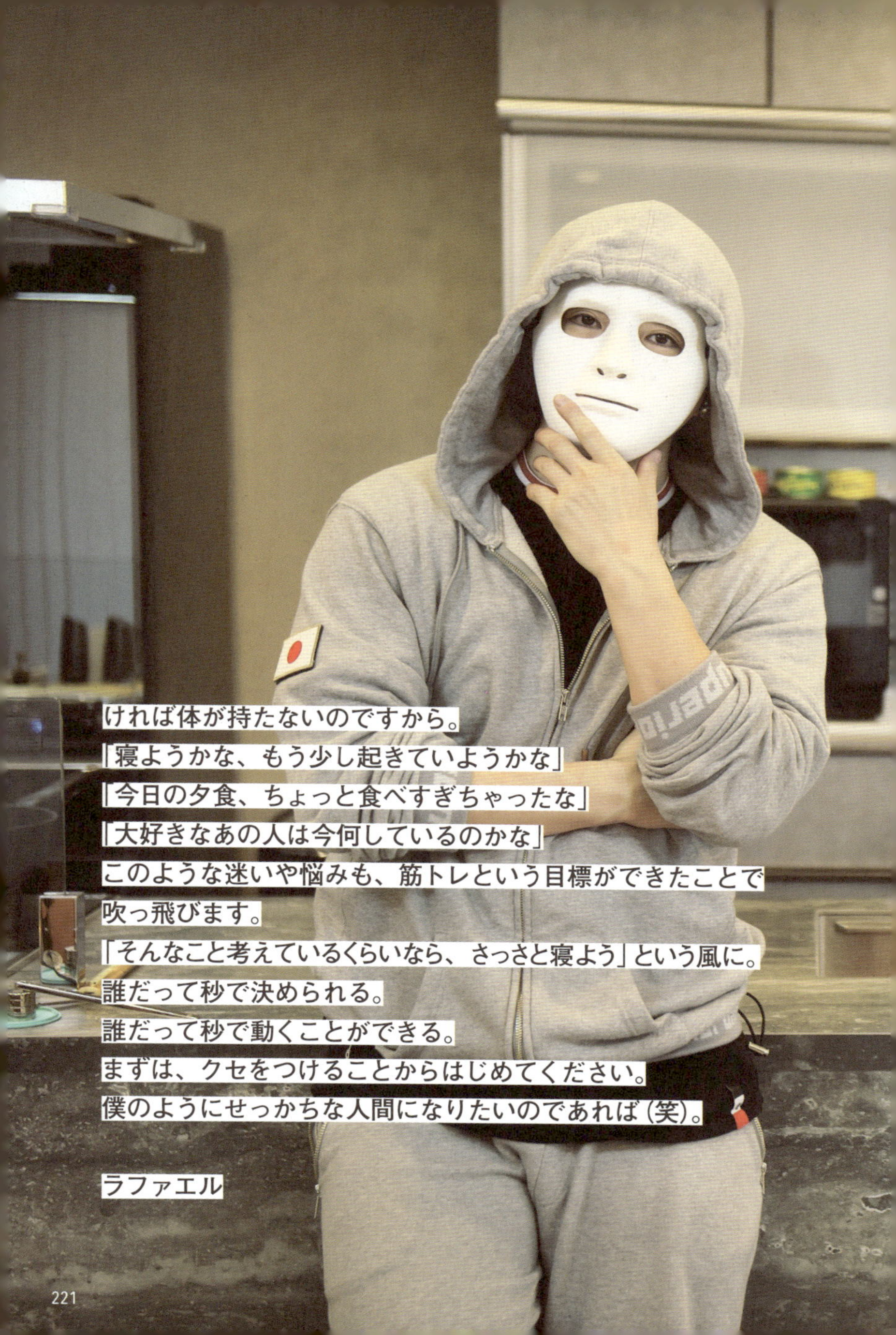

ければ体が持たないのですから。

「寝ようかな、もう少し起きていようかな」

「今日の夕食、ちょっと食べすぎちゃったな」

「大好きなあの人は今何しているのかな」

このような迷いや悩みも、筋トレという目標ができたことで吹っ飛びます。

「そんなこと考えているくらいなら、さっさと寝よう」という風に。

誰だって秒で決められる。

誰だって秒で動くことができる。

まずは、クセをつけることからはじめてください。

僕のようにせっかちな人間になりたいのであれば（笑）。

ラファエル

The last
message.

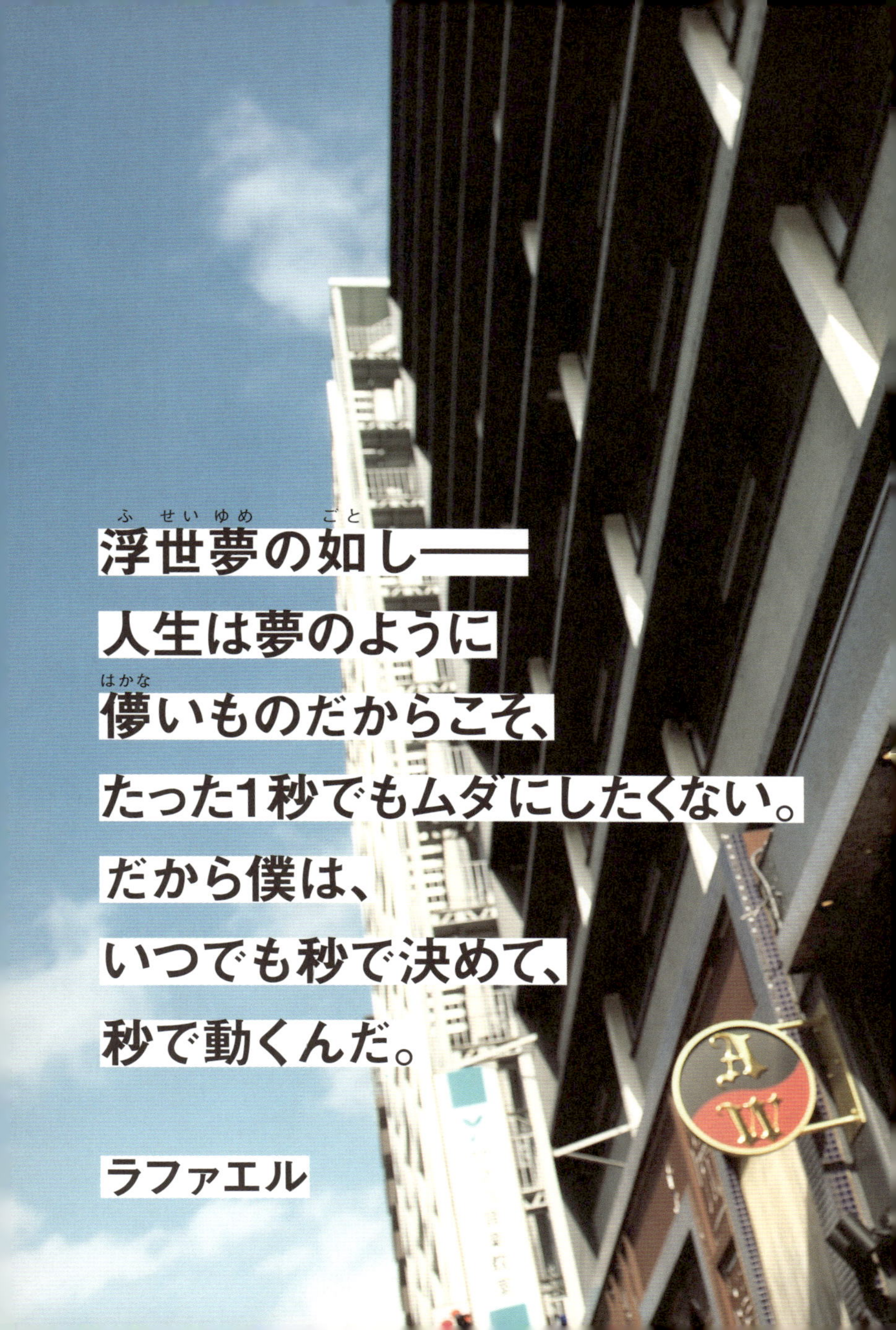

浮《ふ》世《せい》夢《ゆめ》の如《ごと》し――

人生は夢のように

儚《はかな》いものだからこそ、

たった1秒でもムダにしたくない。

だから僕は、

いつでも秒で決めて、

秒で動くんだ。

ラファエル

ラファエル

YouTuber、実業家。大阪府生まれ。定時制高校を卒業後、パチンコ店に勤務。その後、自衛隊や営業職などを経てYouTuberに転身。自衛隊で鍛え抜かれた肉体、営業職で培ったトーク力とビジネスセンスを武器に、瞬く間に人気YouTuberの仲間入りを果たす。チャンネル名は「ラファエル Raphael」で登録者数は153万人を超える(2020年3月現在)。著書に『無一文からのドリーム』(弊社刊)がある。

モデルプレス(modelpress)

日本最大級の女性向けエンタメ&ライフスタイルニュース報道メディア。自社で取材、撮影、速報報道を行い、1日約100本のニュースをアプリ、WEBで配信。約50のニュースプラットフォームへもニュース配信している。SNSの拡散力も高く、モデルプレスのアカウントだけで月間約12億インプレッション。SNSフォロワー数約250万人(合算)。ユニークユーザー数は月間約2000万人。国内メディアトップクラスのトラフィックを誇り、読者から支持されている。株式会社ネットネイティブが運営。

秒で決めろ！ 秒で動け！
ラファエル式秒速タイムマネージメント

2020年4月30日　第1刷発行

著者　ラファエル
編者　モデルプレス(modelpress)

発行人　蓮見清一
発行所　株式会社 宝島社
〒102-8388
東京都千代田区一番町25番地
電話　編集:03-3239-0928
営業:03-3234-4621
https://tkj.jp

印刷・製本　サンケイ総合印刷株式会社

ISBN 978-4-299-00372-0